문화문고 011

대한민국 국무총리

大韓民國 國務總理

이재원 저

傳統文化研究會

문화문고 **대한민국 국무총리** 정가 10,000원

2014년 6월 20일 초판 인쇄
2014년 6월 30일 초판 발행

저　자 이재원
편　집 남현희
교　정 이효재
출　판 김주현
관　리 함명숙
보　급 서원영

발행인 이계황
발행처 (사)전통문화연구회
서울시 종로구 낙원동 284-6 낙원빌딩 411호
전화 : 02-762-8401 전송 : 02-747-0083
사이버書堂 : cyberseodang.or.kr
온라인서당 : book.cyberseodang.or.kr
전자우편 : juntong@juntong.or.kr
등　록 : 1989. 7. 3. 제1-936호
인쇄처 : 한국법령정보주식회사(02-462-3860)
총　판 : 한국출판협동조합(070-7119-1750)

ISBN 979-11-85856-01-8 04340
978-89-91720-76-3(세트)

간행사

본회는 한국고전의 연구와 번역의 선결과제先決課題로, 동양고전의 협동연구번역과 on-off라인을 통한 교육을 해온 지 20여 년이 되었다. 이는 우리의 역사歷史와 문화文化를 깊이 이해하기 위하여 동양의 역사와 문화를 총체적으로 조명하여야 한다는 취지에서이다.

그런데 동서양 고전에 대해서 그 중요성은 인정하고 있지만, 특히 한국과 동양의 한문고전은 지식인이나 일반인은 물론 전문가조차 해독하기 어려워 일본이나 중국의 번역본을 중역하는 상황이었고, 동양고전은 현대화가 늦어져 이제야 본격적인 작업을 하고 있다.

오늘날 각계의 교류가 긴밀히 이루어지면서 세계가 하나로 되는 상황에 이르러, 우리 국민의 역사·문화 의식이 한국에서 동양으로, 또 세계로 지향해야 하는 시급한 시대가 다가왔다.

그러나 세계로의 지향이 서구화의 다른 이름이고 우리로서는 허상일 수 있음을 주의해야겠지만, 우리와 동양의 자주성과 자존의 아집도 경계하여 새로운 그 무엇을 그려내야 할 것이다. 이를 위해서는 일차적으로 한韓·중中·일日이 삼국양립三國兩立에서 발전하여 삼국정립三國鼎立을 이룸으로써, 치욕의 역사에서 벗어나 안정과 발전의 기반을 마련해야 할 것이다.

본회는 이러한 상황에서 1차적인 준비로 '동양문화총서'를 몇

권 간행한 바 있으나, 이 계획의 충실을 기하기 위해서는 한 손에는 연구, 다른 한 손에는 보급이라는 과제를 좀더 확실히 해결하지 않으면 안 된다. 이러한 문화 보급의 취지에서 앞으로 국민의 전체적인 수준 향상을 위하여 '사서四書'의 문고화를 시작으로, 우리와 동양에서부터 서양의 고전과 인물과 문화에 관한 '문화문고' 간행의 출발점으로 삼고자 하는 것이다.

대체로 문고는 연구서에 비하면 2차적 작품이므로, 해석과 주석 등을 본문에 녹여서 중등학생 수준의 독자가 읽어서 이해되도록 하려고 한다. 그러나 특수한 분야나 전문적인 것도 필요한 것이다. 또한 시대에 부응하여 편리하며 염가로 읽힐 수 있는 '전자출판'도 겸행할 예정이다.

구미歐美의 유명한 문고본이 끼친 세계 문화적 영향이나, 이웃 일본의 교양과 지식이 이와나미문고岩波文庫에서 나왔다는 사실을 기억해야겠다. 우리나라의 문고본은 그간 부침浮沈이 있었으나, 여러 분의 서가에도 상당수 있듯이 그 공헌은 인정하지 않을 수 없다.

앞으로 우리는 동양고전의 번역 및 교육사업과 함께 통섭적統攝的 방법으로, 국가경쟁력을 키우고 문예부흥을 개막하는 계획의 꿈도 이루기 위하여 지혜를 모아 헌신할 것을 다짐하며, 이에 각계의 관심과 지원을 기대한다.

전통문화연구회 회장 이계황

머리말

제왕帝王이나 대통령은 쟁취하거나 운명적으로 맡게 되어 하늘이 내리는 자리라고 하지만 재상宰相이나 국무총리는 집권자에 의해 선택되기 때문에 역량에 따라 누구나 임명될 수 있는 자리이다. 따라서 정권이 바뀌거나 국가적으로 큰일이 있을 때는 그 수습책으로 우선 재상이나 국무총리를 경질更迭해서 국면전환을 하는 것이 동양정치사에서 흔히 볼 수 있는 일이다.

우리나라는 건국 이후 지금까지 이른바 사사오입四捨五入 개헌(1954. 11. 29)에 따른 5년 7개월을 제외하고는 역대 정부에서 국무총리 또는 내각수반이 존재했다는 점에서 국무총리는 국정운영에 중요한 자리임에 틀림없다.

그러나 최근에 총리라는 자리는 임명될 때 잠깐 뉴스거리가 될 뿐 국민 23%만이 국무총리 이름을 안다는 여론 조사 결과가 발표된 바 있다.

또한 정부 내 지위상 제2인자이지만 있는 것도 같고 없는 것도 같은 존재감 때문에 요즘 정치권과 언론에서는 권한이 있는 '책임총리'론을 제기하고 있다.

그렇다면 '일인지하一人之下 만인지상萬人之上'의 자리라고 일컬어지는 재상이나 국무총리의 역할은 무엇일까?

한漢나라 진평陳平이 정의定義한 재상의 임무나 국무총리를 두 번에 걸쳐 6년 이상을 지낸 김종필金宗泌 전 총리가 후임 총리에게 총리 역할에 관해 충고한 바는 시사하는 점이 많다.

진평은 재상의 임무를, "재상은 위로는 천자를 보좌하고 음양을 가지런히 하며, 세월의 변화에 순응해야 한다. 아래로는 만물이 제자리를 잡도록 해야 하며, 밖으로는 주변 오랑캐와 제후들을 잘 다스리고, 안으로는 백성을 친히 보살피고, 부하 관리들이 제 역할을 할 수 있도록 다독여야 한다.〔宰相者 上佐天子 理陰陽 順四時 下遂萬物之宜 外鎭撫四夷諸侯 內親附百姓 使卿大夫各得任其職也〕"고 했다.

김종필은 후임 고故 박태준朴泰俊에게 "총리가 되면 고통이 많을 거다. 자주 참아야 한다. 때로는 아는 것도 모르는 척, 모르는 것도 아는 척해야 하는 자리이다. 그러나 묵묵히 대통령을 보좌해야 한다."고 말한 것으로 전해진다.

저자는 대학강단에 서면서부터 오랫동안 우리 국정운영의 중요한 자리인 국무총리에 대해 학생들이나 일반 국민들이 기본적인 지식이 없어 그 안내서가 필요하다는 생각을 갖게 되었다.

저자는 1966년부터 언론계, 행정부, 그리고 정당의 정책부서에 근무하면서 건국 이후 재임한 국무총리의 과반수(25명) 이상과는 직간접으로 관계를 맺어왔고 그중 10명은 직접 보좌한 경험을 토대로 1998년 7월 졸저 ≪한국의 국무총리 연구≫를 펴냈다. 당시만 해도 특정 직위職位에 대한 최초의 연구서였기 때문에 주목을 받았다.

그 후 10년이 지난 뒤 정권이 2번이나 바뀐 데다 여러 가지 자료가 축적되어 2007년 8월 ≪한국의 국무총리 연구≫에다 국무총리의 정책조정 사례와 관계기관 간의 업무 내용을 보충하여 개정 증보판 ≪대한민국의 국무총리≫를 펴내었다.

최근 졸저에 대한 개정을 고려하던 중 국무총리에 대한 교양 함양 수준의 문고판 출판 제의를 받아 ≪대한민국의 국무총리≫ 중에서 일부 전문 자료를 추려내고 중등학교 학생 정도면 누구나 볼 수 있도록 읽을거리를 중심으로 이 책을 내놓게 되었다.

다만 김대중 정부 이후로는 직접 정부 일에 간여하지 않았기 때문에 구체적 실례를 예시하지 못하였다. 그러나 과거 사례와 크게 다르지 않을 것이라는 생각으로 언론에 보도된 내용을 많이 인용하였다.

이 책이 나오기까지 어려운 여건 속에서 사명감을 갖고 한국문화 창달에 헌신하고 계신 전통문화연구회 관계자 분들에게 진심으로 감사와 격려의 말씀을 드린다.

2014년 6월

이재원

일러두기

1. 본서는 동서양東西洋의 중요한 고전古典, 인물人物, 문화文化에 관한 모든 국민의 교양도서로, 미래 한국의 양식良識 기반을 구축하기 위한 문화문고文化文庫이다.
2. 본서는 ≪대한민국의 국무총리≫(나남, 2007)의 내용 중 우리나라 국무총리에 대해 중등학생과 일반인이 이해할 수 있는 내용을 선별하여 기술하였다.
3. 본서에서 다룬 국무총리는 시기적으로 이승만李承晩 정부로부터 이명박李明博 정부까지 다루었으며, 그 대상은 국무총리·내각수반·서리의 지위에 있던 인물을 포괄하였다.
4. 고유명사와 용어 및 주요 어휘는 독자의 문장 이해를 위하여 한자漢字를 병기하였다.
5. ≪대한민국의 국무총리≫의 각주는 전문적 학술 내용이므로 본서에서는 내용상 필요한 부분을 제외하고는 생략하였다.
6. 인물에 대한 존칭은 문맥상 필요한 부분과 인용문을 제외하고는 대부분 생략하였다.
7. 본서에 사용된 주요 부호符號는 다음과 같다.

   “ ” : 대화, 인용

' ': 재인용, 강조

( ): 간단한 주석註釋

≪ ≫: 서명書名

〈 〉: 편장명篇章名, 작품명作品名

〔 〕: 관용구慣用句, 보충 원문原文

목 차

II. 국무총리의 생활

Ⅲ. 국무총리의 역할

Ⅰ. 국무총리 제도와 운영

제1장 국무총리 제도의 의의

대한민국 건국 이후 대통령은 이승만李承晩부터 박근혜朴槿惠(2014년 6월)까지 모두 11명에 이르지만 국무총리 반열班列에 오른 사람은 몇 명이나 될까?

국무총리 42명, 국무총리서리 6명, 내각수반 4명 등 모두 52명이지만 총리를 2번 역임한 4명이 있어 개인적으로는 모두 48명이 전직 총리 예우를 받고 있다. 그들은 건국 이후 5년 7개월간 국무총리 제도가 없던 기간을 제하면 평균 1년 1개월 남짓 그 직책을 수행했다.

한국의 정치행정체제에서 국무총리가 갖는 의미는 무엇인가. 사실 우리는 국무총리라는 용어에 대해 매우 익숙해져 있지만 따지고 보면 대통령제에서의 부통령副統領이나 내각책임제에서의 수상首相과는 구분되는 독특한 제도라고 볼 수 있다. 국무총리제를 채택하고 있는 나라가 비단 우리나라만은 아니지만, 이러한 제도가 우리의 헌정사憲政史에서 지속되고, 우리에게 익숙한 이유는 어디에 있는 것인가. 물론 이에 대한 대답은 여러 각도에서 찾을 수 있겠지만, 여기에서는 국무총리 제도가 갖는 의미를 통해 살펴보기로 한다.

1. 정치적 의의

1) 권력의 수직적 견제장치

국무총리 제도는 권력의 수직적 견제장치로서의 의미를 갖고 있다. 시민혁명을 통해 수립된 서구의 시민민주주의 국가체제는 권력독점 현상에 대해 강한 불신을 갖고 있었다. 이런 연유로 권력분립權力分立 사상이 나타난 것은 당연한 귀결이다. 우리가 흔히 알고 있는 삼권분립론도 역시 이러한 맥락에서 제시된 대안이다. 즉 입법·행정·사법부를 분리시켜 서로 견제와 균형을 이루게 함으로써 권력이 독점되는 것을 방지할 수 있다는 논리이며, 이에 맞추어 세계 각국은 삼권분립 원리를 하나의 규범적 정치원리로 받아들이고 있다.

그러나 자칫 잊기 쉬운 것은 권력분립이 수평적인 견제와 균형만으로 달성되는 것은 아니라는 점이다. 권력분립을 달성하기 위해서는 수평적 견제와 균형뿐만 아니라, 수직적 견제와 균형도 매우 중요하다. 이러한 맥락에서 국무총리는 행정부의 수반인 대통령에 대한 수직적 견제장치로서의 역할을 하고 있다. 예를 들면 국무위원의 임명을 제청한다든지, 해임을 건의하도록 규정한 것, 대통령의 문서에 부서副署할 권리가 있는 것 등은 바로 최고 권력자인 대통령에 대한 수직적 견제장치로서의 기능을 제도화한 것이라 할 수 있다.

2) 비상시 최고권력의 승계

국무총리는 비상시 최고 권력자의 권력을 승계하는 지위로서의 의미를 갖는다. 갑자기 최고 권력자의 권력이 사라지게 되면서 권력의 공동화空洞化 현상이 일어나 정치체제가 흔들린다든지, 나아가 국정國政 운영이 마비되는 사태가 발생할 수도 있다. 그러므로 어떤 정치체제이건 최고 권력자가 사라지는 비상사태를 대비해 이를 대신할 승계 순서를 정해놓는다.

이와 같이 국무총리는 대통령이라는 최고 권력자의 유고有故 시에 이를 대신할 권력 승계자로서의 지위를 보장받고 있으며, 이러한 승계절차를 정해놓음으로써(헌법 제71조), 만일의 사태를 미연에 방지할 수 있는 정치제도라 할 수 있다. 우리는 이러한 경우를 헌정사에서 몇 차례 경험한 바 있다.

3) 정치적 요구에 대한 여과장치

정치체제는 국민의 요구와 지지가 투입되고, 변환과정을 거쳐 각종 정책이 산출되면, 이에 대한 평가를 통해 환류還流된다는 것이 정치체제론의 기본적 틀이다. 이러한 체제론적 시각에서 보면 정치체제는 국민의 요구를 들어줄 수 있는 장치와 함께 이들의 요구를 여과(filtering)시킬 수 있는 장치도 함께 갖추고 있다. 만약 국민의 요구가 여과 없이 체제 내에 투입된다면 그 정치체제는 과부하過負荷가 걸려 결국 수명을 다하게 된다.

규범적으로 국민의 소리를 들어야 한다는 말이 곧 국민의 요구를 대통령이 직접 접해야만 한다는 말은 아니다. 특히 현대사회와 같이 복잡한 사회에서는 각계각층의 목소리가 다양하고 그 요구가 많기 때문에, 국민의 요구를 여과할 수 있는 장치가 더욱 필요하다. 그런 연유로 정치적 투입을 여과하기 위해 각종 제도와 절차를 규정하고 있다.

어떤 대통령도 차이는 있겠지만, 제한된 능력을 가진 인간에 불과하다. 그러므로 시간·관심·건강상 감당할 수 있는 능력 범위 내에서 일을 할 수밖에 없으며, 이를 가능하게 하는 것이 바로 정치적 요구의 여과장치가 있기 때문이다.

이런 맥락에서 국무총리는 각종 정치적 요구를 거르는 역할을 한다. 대통령이 직접 처리하지 않아도 될 사항은 자신이 처리해야 한다. 그럼으로써 한정된 능력을 가진 대통령이 더욱 중요한 업무에 몰두할 수 있도록 도와준다. 물론 현실적으로 국무총리가 이러한 힘을 갖고 일하고 있느냐에 대해 의문을 제기하기도 하지만 최소한 제도상으로는 그러한 역할을 기대할 수 있으며, 법규상으로도 충분히 그럴 수 있도록 규정되어 있다.

4) 정치적 공격에 대한 완충 장치

국무총리는 대통령에 대한 정치적 공격의 완충장치로서의 의미를 갖고 있다. 앞에서는 정치적 요구에 대한 여과장치로서의 의의를 말했지만, 국무총리는 정치적 보호장치로서도 의미를 갖고 있다. 정치체제는 자신이 산출한 정책에 대해 투입자인 국민들로부터 평가를 받고 그 결과가 환류된다. 환류결과가 우호적이면 정치적 지지도가 높아지고, 부정적이면 지지가 감소하면서 정치체제를 압박하게 된다. 이쯤 되면 정체체제는 변화과정을 바꾸어 새로운 산출을 하게 됨으로써 스스로의 생명력을 유지하려 한다.

이 과정에서 국민들로부터의 비난이 정치적·행정적 최고 책임자인 대통령에게 집중되는 것은 일반적인 현상이다. 그렇다고 매번 대통령이 국민에게 사과할 수도 없고, 바꿀 수도 없는 노릇이다. 그러므로 누군가 대통령을 대신하여 국민들의 비난을 막아주어야 할 사람이 필요하다. 이 역할을 담당하는 사람은 적어도 외형적으로는 대통령과 비견될 만큼 어느 정도 비중을 가진 인사여야 한다. 이런 조건을 가진 자리는 우리나라의 정치체제에서는 국무총리가 제격이다.

그동안 우리나라의 많은 국무총리들이 정치적 난관을 타개하기 위한 정국 전환용政局轉換用 카드로 활용되었다는 지적이나, 정당성이 결여된 정권이 정당성을 확보하기 위해 국민의 신망이 두터운 인물을 총리로 영입하는 경우가 전형적인 예라 할 수 있다. 특히 우리나라의 역대 정권들이 그 정당성을 확보하기 위해 국무총리 제도를 십분 활용해왔다고 볼 수 있다.

2. 행정관리상의 의의

1) 행정 수반과의 업무 분담

최고 권력자의 지위는 중층적 의미를 가진다. 우리나라만 해도 국가의 원수元首이자 행정부의 수반首班인 동시에 대개는 여당의 총재라는 중요한 역할이 중복되어 있다. 그런 만큼 대통령은 격무에 시달리게 된다. 만약 최고 권력자가 자신에게 주어진 임무를 모두 직접 처리한다면, 기본적인 결재사항만으로도 하루를 보내야 할 것이다. 실제 국가 최고 지도자가 차분히 앉아서 국가의 장래를 고민한다는 것은 매우 힘들다고 생각된다. 아니 불가능한 일이다. 시간으로 보나 관심의 폭으로 보나 통솔할 수 있는 인력 범위로 보나 한 개인의 능력은 제한적일 수밖에 없다. 그러므로 현대사회에서는 분업의 원리가 작동한다. 즉, 일을 어느 정도 나누어 맡음으로써 자신의 역할을 제대로 해나갈 수 있는 것이다.

이러한 맥락에서 우리나라의 국무총리는 대통령의 역할을 상당히 분담한다. 실제 정치분야에서 여당의 대표위원이나 총재권한대행이 정치적 업무를 분담해준다면, 국무총리는 대통령이 수행하여야 할 국가원수로서의 역할과 행정수반으로서의 역할을 상당 부분 덜어주고 있다. 국무회의를 대신 주재하는 일, 국회에 나가 연설하는 일, 공무원을 관리하는 일, 외국 손님을 영접하는 일, 외국을 방문하는 일 등은 전형적인 업무의 분담이라 할 수 있다.

2) 행정 각부의 통할 조정

국무총리는 행정 각부의 정책에 관한 조정자로서의 역할을 하게 된다. 현대국가에서 정도의 차이는 있지만 어떤 국가의 행정은 분야별 분업원리에 의해 이루어진다. 그러나 조직에서는 분업의 원리와 함께 동전의 앞뒤와 같이 통합의 원리도 작동한다. 분업이 지나치게 강조되는 조직은 부처별 이기주의(sectionalism)로 조직 내 갈등이 심화되어 행정의 효율성을 저해한다. 특히 정부의 정책은 어느 한 부처에만 국한된 것이 아니라 대부분 여러 부처가 함께 추진하여야 할 일들이다. 그러므로 각 부처별로 분업하는 일도 중요하지만 그만큼 통합의 중요성도 함께 강조될 수밖에 없고, 정부의 행정체제도 이를 반영하여 각 분야별 정책에 대한 통합조정체제를 구축하고 있다.

우리나라의 국무총리도 헌법 제86조에서 "국무총리는 대통령을 보좌하며, 행정에 관하여 대통령의 명을 받아 행정 각부를 통할한다."고 규정하고 있으며, 정부조직법 제19조 제1항 역시 "국무총리는 대통령의 명을 받아 각 중앙행정기관의 장을 지휘 감독한다."고 규정하고 있어 행정 각부에 대한 국무총리의 조정권한을 인정하고 있다. 물론 현실적으로 국무총리가 이러한 힘을 어느 정도 발휘할 수 있는가에 대해서는 의문이 없지 않다. 경우에 따라서는 대통령과 혹은 각 부처와 갈등이 야기되어 사직하는 일도 있었지만, 어쨌든 각 소관 사항별로 분업화된 정부조직을 통할 조정하는 일이 국무총리에게 맡겨져 있다.

3. 역사·문화적 의의

1) 재상제의 역사적 유산

국무총리 제도는 우리나라의 역사적 맥락에서 그 의의를 찾을 수도 있다. 이른바 '재상제宰相制'는 삼국시대나 고려시대에도 있어 왔지만, 가까이 조선시대만을 보더라도 우리의 역사적 전통 속에서 나름대로 자리를 잡은 제도라고 할 수 있다.

조선시대에 재상은 일반적으로 영의정領議政을 비롯한 좌의정左議政, 우의정右議政을 통틀어 일컫는 말이다. 다만 3정승 중 영의정이 우두머리 격이기 때문에 항용 국무총리는 영의정에 비견되고 있다. 조선시대의 정승은 단순한 관료라기보다는 신권臣權의 상징적 존재로 인식된다. 조선시대의 정치행정 과정은 왕권王權과 신권臣權 간의 길항작용拮抗作用으로 보는 견해가 있는데, 바로 정승들은 신권의 실질적, 상징적 존재로 작용하였기 때문에 국왕조차도 함부로 대할 수 없는 정치 권력자였다. 특히 영의정은 의정부議政府의 3정승 중 수상으로서 왕권국가에서 제2인자의 자리를 차지하고 있었다. 우리가 흔히 '일인지하一人之下 만인지상萬人之上'이라고 말하는 것도 바로 여기에서 비롯된 것이다.

영의정 제도의 운용에 대해서는 시대에 따라 약간의 차이가 있지만, 제도 자체에 대해서는 그 사회의 엘리트들에게 충분한 공감을 얻을 수 있었다. 조선시대와 같은 신분제 사회에서는 혈통이 신분을 규정짓는 가장 중요한 기준이 되었으므로 왕이 되려면 왕족으로 태어나야 가능했지만, 영의정은 지배 엘리트들도 노력 여하에 따라 올라갈 수 있는 자리라는 점에서 매력적이지 않을 수 없었을 것이다.

물론 현대 민주사회에서는 대통령도 모두에게 열려 있기 때문에 왕권체제와는 다르지만 그 맥락은 매우 유사한 측면이 있다. 즉 대통령은 특별한 경우가 아닌 한 선거를 통해 정치가로 충원되지만, 국무총리는 관료, 학자, 기업가, 언론인 등 그 사회의 지배 엘리트들이 노력 여하에 따라 접근이 가능하다고 보고 있다. 예를 들면 사법고시나 행정고시를 통해 관료가 된 사람들은 자신의 일을 충실히 수행하면 대통령은 몰라도 국무총리가 될 가능성이 있다고 생각할 수 있다. 마찬가지로 언론인이나 대학교수들도 국무총리는 될 수 있다고 생각한다.

이러한 사고의 바탕에는 왕이나 대통령은 하늘에서 내는 것이지만 영의정이나 국무총리는 능력만 있으면 할 수 있다는 생각이 저변에 깔려 있는 것이다. 이와 같이 영의정 제도에 대한 역사적 전통은 우리의 정치체제 속에 하나의 문화로 체화體化되어 정착되었는지도 모른다.

2) 권위주의적 문화와 방탄총리

한국 사회의 정치행정문화政治行政文化 중 대표적으로 꼽는 것이 권위주의權威主義 문화이다. 원래 권위 자체는 정당화된 권력으로서 어떤 사회에나 중요한 의미를 갖지만 권위주의적 문화는 무분별한 지배-복종관계와 우열관계를 조장하여 등급화等級化시키는 경향이 있다. 이렇게 권위주의 문화가 강한 사회에서는 행정책임의 부재, 행정조직의 획일성, 고위층에 의한 정책결정, 극단적 문제해결 방식의 채택과 같은 문제점이 나타난다고 한다.

이러한 점을 염두에 두고 볼 때, 권위주의적 문화풍토 속에서 전문성이나 합리성보다는 자신에게 주어진 권위를 지키기 위해 골몰할 수밖에 없다. 권위의 상실은 곧 사회적 사망을 선고받는 일이기 때문이다. 그래서 비단 대통령뿐만 아니라 누구라도 자신의 권위가 손상될 만한 자리는 피하려 하는 것이 일반적 현상이다. 그래서 대부분의 조직에서는 조직의 장長이 권위를 지키고 유지할 수 있도록 여러 가지 배려를 하게 되는데, 불편한 자리를 미리 알아서 피하게 만들어준다든지, 권위가 떨어질 만한 자리를 대신할 사람들을 찾게 된다.

대통령도 마찬가지이다. 대통령의 권위에 손상을 끼칠 가능성이 있는 상황에서는 자신을 대신할 만한 사람을 필요로 한다. 그렇다고 아무나 이를 대신할 수는 없다. 대통령을 대신한다고 생각할 수 있는 만큼의 권위를 가진 사람이어야 한다. 이에 적합한 사람이 국무총리인 것이다. 국회의원들이 심한 질책성叱責性 질의를 할 자리, 졸업생들의 야유가 예상되던 과거의 국립대학교 졸업식장은 대통령이 피하지만, 민주평화통일자문회의와 같이 친여성親與性 인사들의 모임이나 사관학교와 같은 통제가 잘 되는 졸업식장에는 직접 참석한다. 즉, 문제가 일어날 소지가 있는 현장은 삼가고 가급적 시혜施惠를 베풀 수 있는 현장은 대통령이 직접 가보는 것이다.

이와 같이 권위주의적 행정문화에서 최고 권력자는 자신의 권위를 성역화聖域化하는 동시에 궂은일을 대신 시킬 존재가 필요하다. 여기에 적합한 사람이 국무총리일지도 모른다. 물론 부통령도 이러한 역할을 하겠지만 국민이 선거로 뽑는 부통령은 나름대로 정치적 지분을 갖고 있기 때문에 이에 적합하지 않다. 언제든지 자리를 회수할 수 있는 국무총리가 더 적합할 것이다.

3) 의식주의 문화와 대독총리

의식(ceremony)은 권위주의 문화와도 맥을 같이하는 것으로 우리나라만큼 이를 중요시하는 나라도 없을 것이다. 유교적 관념이 지배적인 문화에서 예를 숭상하는 만큼 그 예를 표현하는 형식으로서 의식문화가 발달할 수밖에 없었을 것이다. 그러나 이러한 문화적 유산은 현대행정에서도 의식을 강조하는 경향으로 나타나고 있다. 예를 들어 어떤 사업을 할 때면 기공식이나 준공식은 매우 성대하게 치른다. 심지어는 총사업비의 상당 부분을 행사비용으로 쓰면서까지 행사를 치른다. 물론 이러한 정치행정문화는 유교적 전통에만 이유를 돌릴 수 없다. 현대에 이르러 군사문화의 영향도 대단히 크다고 본다. 전시 효과를 중요시하는 군사문화가 유교문화와 접목되면서 나타난 현상이 아닌가 생각된다. 어쨌든 정부의 사업만큼이나 의례적인 행사가 많은 것도 없다.

또한 이러한 의례적 행사는 최고위급 행사인지, 장관급 행사인지, 아니면 하위기관장급 행사인지에 따라 행사의 본질적 의미보다 참석자의 비중이 더 중요시되는 경향이 있다.

모든 정부 행사에 대통령이 참석할 수는 없다. 그렇다고 아무나 대통령을 대리해서 행사에 참석할 수는 없다. 이에 적합한 사람이 국무총리이다. 그래서 국무총리는 행사에 참석해서 대통령의 대리 역을 하는 경우가 많다.

이상과 같이 국무총리제도는 우리의 정치적, 행정적, 역사·문화적 배경에서 우리에게 익숙해진 하나의 제도로 정착해왔다. 물론 그 역할과 기능이 바람직한가, 실질적으로 어떠했는가는 앞으로 살펴볼 문제지만, 우리의 정치행정체제하에서는 나름대로 자리매김을 한 제도라고 생각한다.

제2장 한국 국무총리의 지위地位와 권한權限

'일인지하一人之下 만인지상萬人之上'이라는 말로 일컬어지던 조선시대 영의정領議政의 자리와 오늘날의 국무총리 자리는 똑같지는 않지만, 국무총리를 속언俗言으로 재상宰相이라 표현하는 등 그와 비슷한 자리로 이해하고 있다. 해방 후 우리나라의 국무총리 제도는 정치 세력 간(이승만 대통령과 한국민주당 세력 타협)의 산물로서 생긴 제도로 오랜 기간 운영되어 오면서 우리나라 정치·행정적 현실에 적응해온 제도이며 그 존재에 대한 공감대가 형성된 것이 사실이다. 특히 우리나라 정치 체제(대통령중심제) 특징상 대통령을 보좌하여 정부를 통할 조정하는 기관이 필요하고, 대통령 유고 시에 그 권한대행자가 필요하다는 데서 그 존재 가치를 찾을 수 있겠다.

이런 의미에서 국무총리의 지위와 권한 및 책임에 대해 살펴보기로 한다.

1. 헌법상의 지위地位

국무총리의 헌법상 지위는 첫째로, 대통령의 보좌기관이다(헌법 제86조 2항). 또한 보좌기능으로서 대통령의 국법상 행위를 보좌하기 위하여 부서副署의 의무가 있고 아울러 그에 대한 책임을 진다(헌법 제82조).

둘째로, 정부의 제2인자의 지위다. 대통령의 명을 받아 행정 각부를 통할하고(헌법 제86조 2항) 대통령의 유고 시에는 국무총리가 제1순위로 그 권한을 대행한다(헌법 제71조). 또한 행정 각부 장에 대한 임명제청권과 해임건의권을 갖는다(헌법 제87조 1항 3항).

셋째로, 국무회의國務會議의 심의권과 부의장 자격이다. 국무총리는 국무회의의 구성원이 되어 정부의 권한에 속하는 주요 정책을 심의하고(헌법 제88조 1항), 국무회의 구성원으로서의 법적 지위는 대등하나 국무회의 부의장이기 때문에 다른 국무위원보다 상위의 위치에 있다(헌법 제88조 3항). 부서副署에서도 국무위원은 관계문서만 부서하고 국무총리는 모든 문서에 부서한다(헌법 제82조).

넷째로, 국무총리는 대통령 다음가는 최고 행정기관이다. 상급 행정관청으로서 중앙행정기관의 장을 지휘 감독하고 그 장의 명령이나 처분이 위법 또는 부당하다고 인정될 때에는 대통령의 승인을 얻어 중지 또는 취소한다(정부조직법 제19조 1·2항). 이 밖에 행정 각부의 통할적 성질의 행정사무를 스스로 관장 처리한다.

아울러 국무총리는 그 산하 소속기관으로 과거에는 재정경제원, 통일원, 총무처, 공보처, 과학기술처, 정무1·2장관실 및 법제처, 국가보훈처 등 2원 2장관실 및 5개 처를 두었으나, 국민의 정부에서 정부조직법 개정(1999. 5. 24)으로 법제처, 국가보훈처, 금융감독위원회, 공정거래위원회, 국민고충처리위원회, 비상기획위원회, 청소년보호위원회 등을 두고 있다가, 참여정부에서 국민고충처리위원회가 대통령 소속으로 바뀌었으며(2005. 10. 30) 보좌기관으로 국무조정실과 비서실을 두고 있다.

2. 신분상의 지위地位

국무총리의 신분상 지위는 임명과 해임, 문민文民원칙, 국회의원 겸직 여부로 나누어 설명할 수 있다. 첫째, 그 임명에 있어 국무총리는 대통령이 국회의 동의를 얻어 임명한다고 규정돼 있다(헌법 제86조 1항). 이 규정은 제1공화국 헌법의 "국무총리는 대통령이 임명하고 국회의 승인을 얻어야 한다."는 것과, 제2공화국 헌법의 "국무총리는 대통령이 지명하여 민의원의 동의를 얻어야 한다."는 내용과 비슷하다. 제3공화국 헌법에서는 국회 동의(승인) 절차를 생략했다가 제4공화국 헌법 이후 현행 헌법과 동일한 내용이 그대로 유지되고 있다.

국무총리 임명에 있어 국회의 동의(승인)를 얻도록 한 것은 대통령중심제 헌법에 의원내각제적 요소를 가미한 것으로, '동의'는 사전적 절차로 해석되고 '승인'은 사후적 절차로 해석된다. 법리상으로 보면 '사전 동의'는 국회의 동의가 없으면 대통령의 국무총리 임명 행위는 그 효력을 상실하는 해제 조건을 의미한다고 볼 수 있다. 그러나 4공화국 이후 6공화국까지 국무총리 임명에 있어 대통령은 국회 동의 절차를 밟기 전에 '국무총리 서리署理'로 발령한 다음 사후 국회 동의를 얻어 임용하는 형식을 취해 헌법 관계는

'승인'과 '동의'를 동일한 것으로 간주해왔다. 다만 제1공화국의 서리제와 4공화국 이후 서리제에 대한 설명은 상세히 후술하겠다.

둘째, 대통령은 국무총리의 임명에서 문민원칙을 지켜야 한다. 군인은 현역을 면한 경우가 아니면 국무총리에 임명될 수 없으며(헌법 제86조 3항), 이는 제헌헌법 이래 제3·4·5·6공화국 헌법에 공히 적용된 원칙이다. 이는 현역 군인의 정치 관여를 방지하고 문민원칙을 확립하기 위한 것으로 해석하는 것이 통설이다.

셋째, 국무총리는 국회의원직을 겸할 수 있다. 헌법 제43조는 "국회의원은 법률이 정하는 직을 겸할 수 없다."고 규정하고 있으나, 국회법(제29조)에서 의원겸직議員兼職 불허용 대상에 국무총리가 포함되지 않음으로써 의원겸직이 허용되고 있다.

넷째, 대통령은 언제든지 국무총리를 해임할 수 있다. 또한 국회는 국무총리, 국무위원에 대한 해임을 대통령에게 건의할 수 있지만(헌법 제63조 1항), 대통령은 국회의 건의에 반드시 응해야 할 의무는 없다. 제3공화국 헌법에서는 국회의 국무총리 해임건의 시 대통령은 특별한 사유가 없는 한 응해야 한다는 강제조항과 비교된다. 국회의 해임건의도 재적의원 1/3 이상의 발의에 의하여 재적의원 과반수의 찬성이 있어야 한다(헌법 제63조 2항)고 규정함으로써 일반 의안의 발의 통과 절차보다 요건을 강화하고 있다.

3. 국무총리의 권한權限

국무총리의 권한은 한 제도상 명문화된 권한과 실제의 상황과는 상당한 차이가 있다. 그러나 여기서는 법 규정상의 권한만을 설명하고 실제 측면에서 권한 문제는 뒤에서 설명하고자 한다.

국무총리의 권한과 관련해서는 조선조 초기의 경세가인 정도전鄭道傳의 주장을 살펴볼 필요가 있다. 정도전은 조선조 개국에 큰 역할을 했고 통치권 확립에 공헌하였는데, 그의 역저 ≪경제문감經濟文鑑≫은 이른바 '재상론宰相論'으로 재상의 자질, 재상의 권한, 재상의 역할 등에 관해 논하고 있다. 그에 의하면 재상은 위로는 군왕을 모시고 아래로는 백관과 만민을 다스리며 '만기萬機를 요람要覽하는 자리'라고 정의하면서 재상이 통치의 중심이 되어야 한다고 하였다. 그는 세습적인 군왕은 현명한 왕이 나올 수도 있고 포악하고 우매한 왕이 나올 수도 있으나 재상은 임명직이기 때문에 항상 유능하고 현명한 사람을 앉힐 수 있다고 주장하면서, 재상에게 권력을 주고 왕과 협의해서 결정하라고 하면 그는 어김없이 왕과 협의해서 결정을 내리게 되기 때문에 재상 중심의 권력구조가 권력의 견제와 제약성을 보장할 수 있다고 했다. 이와 같은 정도전의 주장과는 별도로 여기서는 현행 헌법상 가지고 있는 권한을 설명해보고자 한다.

첫째, 행정 각부의 통할 감독권이다. 헌법 제86조 2항에는 "국무총리는 행정에 관하여 대통령의 명을 받아 행정 각부를 통할統轄한다."고 되어 있다. 이는 제1공화국 헌법에서 "국무총리는 대통령의 명을 승承하여 행정 각부의 장관을 통리감독統理監督하며 행정 각부에 분담되지 아니한 행정사무를 담임한다."고 했던 것이 변형

되어 제3공화국 헌법부터 오늘에 이르고 있다. 여기서 통할統轄이라 함은 행정 각부에 대한 지시와 조정을 말하는 것으로 행정 각부의 업무에 통일성을 확보하게 하는 권한이라 할 수 있다. 그러나 행정 통할권은 "대통령의 명을 받아" 행사하게 되어 있는데 이것은 우리나라 국무총리의 지위가 의원내각제의 그것과 달리 행정부의 수반이 아닌 대통령의 보좌기관이라는 점을 명확히 하는 점이다.

둘째, 국무총리는 국무위원, 행정 각부 장의 임면에 관여하는 권리를 갖는다. 헌법 제87조 1항은 국무위원은 국무총리의 제청으로 대통령이 임명한다고 되어 있고, 3항은 국무총리는 국무위원의 해임을 대통령에게 건의할 수 있다고 규정하고 있다. 또한 헌법 제94조에서는 행정 각부의 장은 국무위원 중에서 국무총리의 제청으로 대통령이 임명한다고 되어 있다.

국무총리의 국무위원 및 행정 각부 장의 임명제청권과 관련하여 국무총리의 제청 없이 대통령이 단독으로 행한 임명의 효력에 대하여 무효 또는 유효 등 여러 설이 있으나 이는 법이론상의 문제이기보다는 제도운영상의 문제로 볼 수밖에 없다. 따라서 국무총리의 해임건의권도 대통령을 직접 구속하는 것이라기보다 국무총리의 의견을 존중해야 한다는 정치적 고려라고 보아야겠다.

셋째, 국무총리는 대통령의 제1순위 권한대행권을 가진다. 헌법 제71조는 대통령이 궐위闕位되거나 사고로 인하여 직무를 수행할 수 없을 때에는 "국무총리, 법률이 정한 국무위원 순으로 그 권한을 대행한다."고 규정하고 있다. 국무총리의 대통령 권한대행은 대통령이 궐위된 경우에는 그 후임자가 선출될 때까지, 사고로 인한 경우에는 대통령의 직무 집행이 가능할 때까지가 된다. 그런데 국무총리의 권한대행은 민주적 대표성 문제, 대통령의 직무 불능 판결 및 그 기간의 결정 문제 등 기술적 문제가 제기될 수 있으나 이에 대한 규정이 없기 때문에 보편타당한 일반 관례에 따를 수밖에 없다고 본다. 권한대행의 직무 범위도 어떻게 설정할 것인가의 문제로 제기될 수 있으나 일상적인 직무와 전임자의 정책을 계속 시키자는 입법취지로 이해할 수밖에 없다고 본다.

넷째, 국무총리는 국무회의에서의 심의권을 갖는다. 헌법 제88조는 국무회의는 정부의 권한에 속하는 중요한 정책을 심의한다고 규정하고 있다. 국무총리는 또한 국무회의 부의장으로서 대통령을 대리하여 국무회의를 주재하기도 한다. 현행 헌법상 국무회의는 대통령중심제하의 자문기관도 아니고 의원내각제나 제1공화국 헌법에서와 같이 의결기관도 아닌 단순한 심의기관으로서 심의 결정사항의 법적 구속력에 대한 문제가 대두될 수도 있으나, 대통령은 이에 법률적으로 구속되지 않는다는 것이 통설로 되어 있다.

다섯째, 국무총리는 대통령의 국법상 행위에 대해 부서권副署權을 갖는다. 헌법 제82조는 대통령의 국법상 행위는 문서로 하며 이 문서에는 국무총리와 관계 국무위원이 부서한다고 규정하고 있다. 부서제도는 원래 군주의 전횡을 방지하고 부서한 대신의 책임을 명백히 하는 제도로 우리는 대통령을 보좌하는 국무총리와 국무위원의 책임 소재를 명백히 하기 위한 것으로 볼 수 있다.

여섯째, 국무총리는 국회에 출석 발언할 권리를 갖는다. 헌법 제62조 1항은 "국무총리, 국무위원 또는 정부위원은 국회나 그 위원회에 출석하여 국정 처리 상황을 보고하거나 의견을 진술하고 응답할 수 있다."고 규정하고 있다. 국무총리나 국무위원의 국회 출석 발언은 권리인 동시에 일면 의무 사항으로 볼 수도 있다. 국무총리나 국무위원이 국정 현안의 처리 상황을 국민에게 보고하고 이해를 구하고자 할 때 국회의장에게 이를 요청하여 허가를 받아 이를 행할 때는 권리 행사라고 볼 수 있다. 그러나 국정 현안에 대한 의문 사항이 있어 국회가 국무총리나 국무위원의 출석요구를 의결하여 답변토록 할 때는 일종의 의무라고 볼 수도 있다.

여기서 이해해둘 사항은 정부위원이다. 정부위원은 정부 내에서는 흔히 쓰는 용어가 아니지만 대국회용 직함으로 처장, 청장, 차관, 차장, 실(원)장, 국장, 부장 등 중앙행정기관의 국장급 이상 공무원을 말하며 이들의 인사이동이 있을 때 정부는 국회에 통보해준다.

일곱째, 국무총리는 총리령總理令을 발할 권리를 갖는다. 헌법 제95조는 국무총리 또는 행정 각부의 장은 소관 사무에 관하여 법률이나 대통령령의 위임 또는 직권으로 총리령 또는 부령府令을 발할 수 있다고 규정하고 있다.

이에 따라 국무총리는 소관 사무에 관하여 법률이나 대통령의 위임 또는 직권으로 총리령을 발할 수 있다. 총리령에는 위임명령委任命令과 직권명령職權命令이 있으나, 전자는 법률이나 대통령령의 위임 범위 내에서 국민의 권리와 의무에 관한 이른바 입법사항을 규정할 수 있으나 후자는 그렇지 않다는 것이 통설이다.

총리령과 부령 간의 효력 관계상의 동위同位 및 우위優位의 문제에 관해서는 명문의 규정이 없으나 국무총리가 행정 각부에 대하여 통할권通轄權을 갖기 때문에 실질적으로 총리령이 상위라고 해석하는 것이 타당하다.

이 밖에 국무총리는 전全 행정기관 또는 2개의 행정기관에 대하여 효율적인 업무수행을 위해 행정지시가 필요할 때 훈령訓令 또는 지시를 할 수 있는데, 훈령은 대개 장기적이고 일반적인 행정지시가 필요할 때 발령하고, 지시는 개별적이고 구체적인 지시가 필요할 때 일반적으로 내려진다.

4. 국무총리의 책임責任

국무총리는 자신의 직무에 대하여 정치적·법적 책임을 진다. 임명권자인 대통령에게는 보좌기관으로서의 도의적·정치적 책임을 지고 국회에 대해서는 중앙행정 기관으로서의 정치적·법적 책임을 진다.

국무총리의 책임 문제와 관련하여 정부조직의 가장 큰 맹점은 여기에 있다고 보는 견해도 있다. 대통령은 권한을 행사하되 책임은 지지 않고, 국무총리는 권한은 없되 책임은 져야 하는 것이다.

이러한 권한과 책임 간의 불일치 현상이 때로는 대통령의 독주를 조장하고 있다고 본다.

국무총리는 첫째, 대통령의 국정 행위 문서에 부서副署함으로써 책임을 진다. 부서 행위는 권리이자 의무에 속하는 사항이다.

둘째, 국회의 요구에 따라 국회에 출석하여 답변할 책임을 진다. 헌법 제62조 2항은 "국회나 위원회의 요구가 있을 때에는 국무총리, 국무위원 또는 정부위원이 출석, 답변하여야 하며 국무총리 또는 국무위원이 출석요구를 받은 때에는 정부위원으로 하여금 출석 답변하게 할 수 있다."고 규정되어 있다. 앞에서도 지적했듯이 국무총리의 국회 출석 답변은 권리이자 의무적인 면이 있으며 국회의 행정부 견제 측면에서 이해되어야 할 것이다.

셋째, 국무총리는 국회의 해임건의解任建議 대상이 된다. 헌법 제63조 1항은 "국회는 국무총리 또는 국무위원의 해임을 대통령에게 건의할 수 있다."고 규정하고 있다. 이 조항은 제4·5공화국 헌법상 국회의 국무총리 또는 국무위원에 대한 해임의결권과 국무총리에 대한 해임의결의 경우 전체 국무위원의 연대책임을 규정한 것과 달리 개별책임과 해임건의를 규정하고 있다.

해임건의 사유에 대해서는 명시적 규정이 없기 때문에 직무상의 위법 행위뿐 아니라 돌발사태 또는 무작위적 사건에 대해 정치적·도의적 책임까지 포함된다고 볼 수 있다. 국회의 해임건의의 효력에 대한 강제성 여부에 대해 제3공화국 헌법의 해임건의 단서 조항인 "대통령은 특별한 사유가 없는 한 응하여야 한다."는 규정은 없으나, 해임건의 의결이 있을 경우 정치적 도의상 행정부는 이에 따라야 한다는 것이 다수의 견해이다.

넷째, 국무총리는 국회가 그 직무 행위에 대한 법적 책임을 물어 탄핵소추彈劾訴追를 의결하면 이에 따라야 한다. 국무총리가 그 직무 집행에서 헌법이나 법률을 위반할 때는 국회는 재적의원 1/3 이상의 발의와 재적 의원 과반수의 찬성에 의하여 탄핵소추를 의결할 수 있으며 탄핵소추의 의결을 받으면 탄핵이 결정될 때까지 그 권한 행사가 정지된다(헌법 제65조). 우리나라 헌정사상 국회가 국무총리의 탄핵소추를 의결한 사례가 없지만 이 제도는 국민주권의 원리를 구현한 것이고 입법부의 행정부에 대한 감시 통제 기능의 일환으로 해석되기 때문에 국무총리는 국회의 탄핵소추 의결에 따를 책임이 있다고 본다.

제3장 한국 국무총리 제도의 특징

우리나라 국무총리 제도는 정치세력 간의 타협의 산물이다. 이러한 시각에서 우리나라 국무총리 제도를 살펴볼 필요가 있다.

상해上海 임시정부 헌법은 이미 대통령중심제에 내각책임제를 가미한 것으로 제헌헌법과 비슷한 헌법을 채택했다. 이와 같은 헌법이 채택된 배경에는 미국에 있는 이승만李承晚을 '대통령'이라 부르게 하고 실제로는 중국에 있는 '국무총리' 이동휘李東輝와 안창호安昌浩 계열의 국무위원들이 권한을 행사하기 위함이었다.

그러다가 1924년 6월 의정원議政院 회의에서 이승만 대통령 유고안이 통과되고, 12월에 박은식을 대통령 대리로 선출했으며, 다음 해 3월에는 이승만 대통령의 탄핵을 결정한 후 곧 개헌을 통해 대통령제를 집단지도체제인 내각책임제도로 변경하였다. 그 뒤에 국무령國務領(국무총리)이 국무위원회 주석 제도로 바뀌어 해방을 맞게 되었다.

해방 후 제헌과정에서도 임시정부의 헌정사가 참고된 듯하다. 알려진 바와 같이 내각책임제로 되었던 헌법 초안이 대통령중심제로 바뀐 경위에 대해 당시 헌법기초 전문위원이었던 유진오兪鎭午는 "헌법기초위원회에서는 의원내각제로 된 먼저 초안을 가지고 그동안 여러 가지로 검토하고 상당히 의견 대립이 있었습니다마는 지금 건국 초기에서 무엇보다도 정부의 안정성……"[1]이라 회고했고, 자신이 쓴 ≪헌법기초회고록≫에서 "내가 초안 중인 헌법의 몇 가지 원칙은 양원제, 내각책임제, 농지개혁, 중요 기업의 국영 등이 그것이다."[2]라고 밝혔다.

그러다가 대통령중심제로 바뀌면서 결과적으로 절충식 헌법이 된 경위에 대해 제헌 당시의 헌법기초위원장이었던 서상일徐相日이 1950년 3월 내각책임제 개헌을 주장하면서 다음과 같이 언급하였다.

> 단기 4281년 6월 3일에 헌법기초위원회가 성립되어 헌법 초안으로는 양원제 내각책임제로 되어 6월 22일에 제2독회를 완료하였던 것입니다. 당시 국회의장인 현 대통령 이승만 박사께서 헌법기초위원회에 출석하시어 대통령중심제로 변개變改치 않으면 하야하여 일 야인으로서 국민운동을 전개하겠다고 하여 대통령중심제를 강조하였기 때문에 23일에는 번안 동의가 성립되어 대통령중심제로 되었던 것입니다.[3]

이러한 과정을 거쳐 성립된 제헌헌법은 오늘날까지 그 영향을 미쳐 현행 헌법이 대통령제와 내각책임제를 절충한 헌법으로 분류되게 했다.

절충형 헌법 제정 과정에서 부산물로 파생된 우리나라의 국무

---

1) 제헌의회, 〈헌법제정 회의록〉, 헌정사 자료 제1집, pp.101~106.

2) 유진오, ≪헌법기초회고록≫, 일조각, 1980, pp28~29.

3) 제헌의회, 앞의 회의록, 제2집, p.7.

총리 제도는 따라서 우리 헌정사憲政史와 정치사政治史 그리고 행정사行政史의 변천 속에서 건국 초기에는 정치적 타협의 존재로 인식되었으나, 실제로 운영되어 오는 과정에서 대통령의 통치권 보완의 의미로 해석되었다고 볼 수 있다. 즉 우리나라의 국무총리는 의원내각제 총리와 같이 행정부의 수반이 아니라 임명권자인 대통령의 보좌기능이 첫째 기능이며, 국회에 대하여 정치적·법적 책임을 지기 때문에 국무총리는 권리는 없으면서 책임만 진다는 해석이 나온다.

제반 헌법상의 규정에도 불구하고 우리나라의 국무총리는 그 제도의 운영면에서 대통령의 통치철학이 가장 큰 영향을 미친다고 볼 수 있다. 대통령의 통치 스타일은 개개인의 성격, 시대적 상황과 국정 목표에 따라 달라질 수도 있겠지만 근본적으로 국무총리에게 얼마만큼의 재량권을 주고 활용할 것인가에 대한 마음가짐이 중요하다고 본다. 물론 여기에다 국무총리 개인의 능력과 성격 그리고 시대환경 등도 국무총리의 위상을 결정하는 데 큰 요소임은 두말할 나위가 없다. 결국 우리나라의 국무총리제는 대통령의 통치 스타일에 바탕을 두고 국무총리 개인의 역량과 정치·사회적 환경 등이 복합적 요소로 작용하는 가운데 운영되어 왔다고 볼 수 있다.

이러한 요소들을 고려하여 우리나라 국무총리 제도 운영의 실제적인 면을 살펴보는 것은 제도적 측면과 함께 국무총리의 실체를 파악하는 데 필요할 것이다.

제4장 서리署理 제도

서리署理라는 용어는 국어사전에 보면 "결원缺員이 된 어떤 직위의 직무를 대신함, 또는 그 사람"이라고 뜻풀이가 되어 있다. 그러나 국무총리서리 제도는 공식적인 법률적 용어나 행정용어가 아니고 관례상 존재하던 제도이기 때문에 논란의 여지가 있다.

앞에서 언급한 바와 같이 우리 헌정사에서 국무총리가 공석 중에 대통령으로부터 국무총리서리 임명을 받아 국회의 동의나 승인을 받지 않고 순수하게 서리로 지낸 사람은 신성모申性模, 이윤영李允榮, 박충훈朴忠勳, 이한기李漢基, 장상張裳, 장대환張大煥 등 여섯 사람이다.

그 외에 국무총리를 역임한 사람 중 제3공화국 정부와 김영삼 정부를 제외하고 대부분이 '서리' 발령을 먼저 받고 다음 번 국회가 열리면 국회의 승인이나 동의를 받아 정식 총리로 임명되곤 했다. 그러나 이승만 정부 당시에는 '서리' 임명에도 '임시서리', '전임서리' 등이 구분되었으며, 총리 내정자를 지명하여 국회에 인준요청을 해놓고도, '임시서리' 발령을 다른 사람으로 내는 등 서리제도가 편의적으로 활용되었다.

헌정사에서 국무총리서리 제도가 처음으로 등장한 것은 1950년

4월 20일이다. 초대 이범석 총리가 정치적인 이유로 4월 3일 사표를 제출하자 이승만 대통령은 그 후임으로 이윤영을 지명하여 국회 인준을 요청했으나, 이윤영은 1948년 7월에 이어 두 번째로 국회 인준에 실패했다(1950. 4. 6). 이때 야당인 민국당民國黨에서는 후임 총리로 조병옥趙炳玉을 천거하기로 하고 원내 90여 명으로부터 추천 서명을 받는 등 후임 총리를 둘러싼 정파 간의 이해관계가 복잡하게 되었다.

이에 이승만은 20일 국방장관인 신성모申性模를 국무총리서리로 임명하여 국회에 이를 공포해줄 것을 요청하는 공한公翰을 국회의장에게 보냈다. 이 공한에서 이승만은 "국무총리 이범석 씨의 사임 후 이윤영 씨를 임명하였으나, 국회의 승인을 얻지 못하여 다시 후임을 임명하고자 하였으나, 예산 문제가 심히 중대하고 절박한 만치, 예산안 통과에 지장이 될 염려가 있어 아직 보류하고 행정상 서리로 국방부장관 신성모 씨를 임시서리로 임명하였으므로 국회에 공포해줄 것을 요망한다."고 했다.

그러나 국회는 국무총리서리 임명은 법적으로 문제가 있다는 이유로 이 공한을 반송하도록 의결했다. 반송 이유는 정부조직법 제12조에 의하면 "국무총리가 사고로 인하여 직무를 수행할 수 없을 때 대통령이 지정하는 국무위원이 임시로 그 직무를 대리한다."고 규정하고 있으나, 현재의 상황은 국무총리가 사고가 아니라 공석 중이므로 이 조항에 해당되지 않는다는 것이었다. 거기에다 '임시서리' 제도를 둔다면 대통령이 자기 마음에 드는 사람을 서리로 임명하여 1년이고 2년이고 장기간 끌어갈 수 있다. 이는 국회의 국무총리 인준권이 무시된다는 논리로 반송했으나, 신성모는 그 후 장면張勉 제2대 국무총리가 임명될 때까지(1950. 11. 23) 7개월간 국무총리서리로 6·25 전쟁을 치르면서 그 직에 있었다.

이와 같은 과정을 통해 서리 제도가 관행으로 확립된 후 이승만은 장면 총리 사임 후 장택상張澤相이 총리로 국회의 인준을 받을 때까지 이윤영李允榮을 서리로 임명했고, 국무총리가 국제회의로 장기간 해외에 체류하는 동안 임시서리제를 활용하기도 했다.

1951년 11월 6일, 장면 국무총리가 파리에서 열리는 제6차 유엔 수석대표로 참가하기 위해 출발하자 사회부장관 허정許政을 '임시서리'로 발령하여 회의 참가 중 그 직을 대행케 하였다. 장면 총리의 귀국이 늦어지자, 이승만은 1952년 1월 12일 허정을 '국무총리 서리전임專任'으로 재발령하는 등 편의대로 활용했다. 이승만은 또 그해 10월 5일, 장택상 총리가 사임하자 이윤영을 4번째로 후임 총리로 지명하여 국회에 인준 요청을 해놓고 국회 인준 시까지의 총리서리로 백두진 재무장관을 임명했으나, 이윤영이 또다시 국회 인준을 받지 못하자 백두진은 다음 해인 1953년 4월 23일 정식으로 총리로 취임할 때까지 6개월간 서리직을 유지하기도 했다.

제1공화국 당시 '서리'는 국무총리가 공석 중일 때와 국무총리가 재임 중에 장기간 외국 출장 중일 때로 구분할 수 있다. 국무총리가 공석 중일 때 서리를 한 사람은 신성모(1950. 4. 21~1950. 11. 23), 이윤영(1952. 4. 24~5. 5), 백두진(1952. 10. 9~1953. 4. 23) 등이며, 국무총리가 외국 출장 중 서리 역할을 한 사람은 장면 총리가 파리 유엔 총회 참석 중 서리를 한 허정(1951. 11. 6~1952. 4. 9)과 변영태 총리가 제네바 회의에 참석 중 임시서리를 한 백한성白漢成(1954. 11. 18~11. 29) 등이다. 때문에 허정과 백한성은 '서리'라기보다 '직무대행'이 정확한 직함이라고 볼 수 있다.

그 후 제4공화국부터 국민의 정부까지 최규하, 남덕우, 유창순, 김상협, 진의종, 노신영, 김정렬, 이현재, 강영훈, 노재봉, 정원식, 김종필, 이한동 등 13명이 짧게는 3일, 길게는 5개월 이상 '서리'로 있다가 국회의 동의를 받아 정식 총리로 임명됐다.

또한 국민의 정부 후반기 장상, 장대환 등은 서리로 국회 임명 동의를 받지 못해 물러났다. 당시 야당은 서리 임명이 위헌이라는 이유로 헌법소원을 제출했으나, 헌법재판소에서는 "위헌심판대상이 아니다."라고 결정한 바 있다.

제5장 인사청문회人事聽聞會

국회는 대통령과 대법원장의 인사권을 견제하기 위해 국민의 정부 시절부터(2000. 6) 국회 인사청문회 제도를 도입하여 우선 헌법상으로 국회의 임명동의를 필요로 하는 직(대법원장, 헌법재판소장, 국무총리, 감사원장 및 대법관 등 13명과 국회에서 선출하는 헌법재판소 재판관 등 3명과 국회에서 선출하는 헌법재판소 재판관 3명, 중앙선거관리위원회 위원 3명 등 23명)의 후보자에 대한 공개 청문회를 실시하고 있다.

이 제도에 따라 헌정사상 처음으로 당시 이한동李漢東 국무총리 서리는 6월 27일부터 2일간 청문회 석상에서 국민이 지켜보는 가운데, 모든 사적·공적 문제에 대해 의원들의 질문에 답해야 했다.

이한동에 대한 야당(한나라당)의 공세로, 한나라당을 탈당하여 자민련에 입당한 정치적 소신, 민주당과의 자민련 공조복원 문제, 부동산 구입 과정 등 시비가 있었다. 그러나 임명동의안 표결에서는 무난히 통과하여 제33대 총리에 임명되었다.

이한동 퇴임 후 국회는 2002년 7월 29일부터 이틀간 한국 최초의 여성 총리 후보자인 장상에 대한 청문회를 개최하여 후보자 장남의 국적 문제, 위장전입과 아파트 투기 의혹, 학력 시비 등을 따졌으며 결국 본회의 임명동의안을 부결시켰다. 이어 그해 8월 26,

27일 양일간의 장대환 국무총리 후보자에 대한 청문회에서도 후보자의 자녀 위장전입, 증여세 탈루 등 재산 관리의 문제가 제기되었으며, 국회는 임명동의안을 부결시켜 대통령의 인사에 제동을 거는 견제력을 보였다.

이 제도에 따라 2000년 이후에 임명된 국무총리들(김석수, 고건, 이해찬, 한명숙, 한덕수, 한승수, 정운찬, 김황식, 정홍원)은 모두 청문회 과정을 거쳐 임명됐다.

이어 국회는 국회법과 인사청문회법을 고쳐(2003. 2. 4) 정부 내 요직(빅4)이라 일컫는 국가정보원장, 검찰총장, 국세청장, 경찰청장 임명에 대한 청문회도 할 수 있도록 했다. 또한 국무위원 임명에 대한 청문회도 가능케 하였을 뿐 아니라, 대법원장이 지명하는 헌법재판소 재판관, 중앙선거관리위원회 위원 등도 인사청문회 대상에 포함시켜(2005. 7. 29) 국회청문회를 거쳐야 하는 자리는 모두 58개가 되었다.

그러나 국회가 공직 후보자에 대해 반대할 수 있는 자리는 최초로 정한(2000. 6. 23) 23개뿐이며, 나머지 35개 자리에 대해서는 국회 의견이 구속력이 없다.

따라서 청문회라 할지라도 국회의 구속력이 있는 청문회는 별도로 인사청문 특별위원회(13명)를 구성하여 보통 2일간 청문회를 개최하며 본회의 의결을 거치지만, 기타는 관련 상임위원회에서 청문회를 개최하여 그 결과를 임명(지명)권자에게 통보한다. 그러나 관련 상임위원회의 청문회 실효성에 대해서는 논란이 있다. 참여정부에서 처음으로 실시한 국가정보원장(고영구)에 대한 청문회 결과 '부적격'으로 국회 의견을 제시했으나 그대로 임명되었다. 2006년 2월에 처음 실시한 국무위원에 대한 청문회에서 야당은 후보자 전원(5명)에 대해 '부적격' 의견을 제시했고, 여당에서는 4명에 대해서는 찬성 의견을 제시했으나, 1명(유시민 보건복지부장관 내정자)에 대해서는 결론을 내지 못해 결과보고서조차 내지 못했는데도 노무현 대통령은 그대로 임명했다. 그 후에도 역대 정부에서 국무위원 등에 대한 국회 청문회의 결과에 관계없이 지명통보 이후 20일이 지나면 후보자를 그대로 임명하여 국회 청문회 제도에 대한 실효성 논란이 있다.

다만 국무총리의 경우 후보자로 지명됐다가 국회청문회 과정이나 그 이전에 재산 형성 과정이나 공직자로서 부적절한 처신이 문제 되어 스스로 후보직을 사퇴한 예는 이명박 정부에서 김태호金台鎬, 박근혜 정부에서 김용준金容俊, 안대희安大熙 등이 있다.

이와 관련 인재풀을 넓히기 위해서는 청문회 방식을 개선해서 개인 신상 문제는 비공개로, 정책 문제는 공개로 진행하는 방식을 채택해야 한다는 주장도 제기되고 있다.

또한 청문회로 인해 퇴임하는 전직과 후보자 사이의 업무 연결 등 행정상의 문제가 제기된 것도 사실이다.

공직 후보자로 지명되면 정식 집무실 근처에 방을 마련하여, 업무 파악 겸 국회 청문회에 대한 준비 작업을 하는 새로운 풍속도 생겼다.

제6장 역대 정부의 국무총리 운영의 실제

1. 이승만 정부(제1공화국) : 슈퍼스타에 가려진 보좌역 총리

이승만李承晩 대통령이 정부를 이끌었던 1948년 건국부터 1960년 4·19까지 12년간의 정부 운영은 이승만의 가부장적家父長的 운영이었다고 평가된다. 때문에 국무총리 제도의 채택은 정치적 타협(이승만 박사와 한국민주당 세력 간)의 산물로 받아들였으나 그 운영은 이승만의 독자적 선택에 따라 시대적 상황에 맞는 인물을 기용했다고 볼 수 있다.

이승만의 집권 동안 정치 시대적 상황은 1948년 건국, 1950년 6·25동란과 그 후의 경제사회적 복구, 그리고 1952년부터 장기집권을 위한 정치적 긴장 등으로 국무총리 기용과 해임은 그 상황에 맞추어 적절히 구사된 것으로 볼 수 있다.

우선 이승만이 국무총리 제도를 보는 시각부터 살펴보자.

> 한국 사람들은 국무총리를 원하지 않고 있으며 의원들은 이에 반대할 것이오. 그러나 불만을 해소시키기 위해서 다만 대통령을 보좌하는 의미에서의 권한 없는 총리가 있을 수 있을 것이오.[4)]

이것은 이승만이 제헌헌법 기초과정에서 자신의 정치고문인 올리버 박사에게 보낸 편지 중의 일부 내용이다.

또한 "이 박사는 국무총리를 미국식 대통령제에서는 비서실장 정도의 자리라고 해서……"[5] 등 초대 국무총리 지명을 둘러싼 당시의 분위기를 전하는 윤치영尹致暎 초대 내무장관의 증언에서도 이승만의 국무총리관을 엿볼 수 있다.

반면 당시 초대 국무총리였던 이범석李範奭 장군의 비서였던 박동진朴東鎭의 회고를 들어보면 국무총리의 역할을 짐작할 수 있다.

> 말이 국무총리이지 사실 모든 것은 이 대통령이 다 했기 때문에 총리가 할 일은 별로 없었다. 대통령중심제하에서 총리의 역할은 한계가 있어 어느 의미에서는 특정 부처를 맡고 있는 장관만도 못하다는 생각이 들 때가 간혹 없지 않았다. 특히 대통령의 생각이 강할 때는 총리가 그야말로 할 일이 없었던 것 같다. 예를 들어 이 박사의 외환外換 통제는 매우 철저한 탓도 있었지만 이 총리가 한 번은 외국에서 약을 사올 일이 있어 200달러를 사용하겠다고 올렸더니 이를 절반으로 깎아 'S.R'이라는 사인을 해왔다. 당시 외환 사용에는 이 박사의 사인이 있어야 했지만 총리에게 대해서도 이처럼 엄격했다.[6]

---

4) 박영훈, ≪KIPA 연구보고 94-13≫, 1994, p.53.

5) ≪중앙일보≫, 1982. 3. 22, '중앙청'.

6) ≪중앙일보≫, 1982. 3. 31, '중앙청'.

이상의 기록에서 볼 수 있듯 이승만 정부에서의 국무총리 역할은 이승만의 그늘 밑에 있었다. 이와 같은 이승만의 국무총리관은 최초의 국무총리 임명과정에서도 드러난다. 1948년 7월 24일 초대 대통령에 취임한 이승만은 당시 온 국민의 관심사였던 국무총리 임명과정에서 예상을 완전히 뒤엎고 그의 독특한 용인 스타일을 보여주기 시작했다.

당시 정가에서나 일반 여론은 국무총리 후보로 한민당의 김성수金性洙, 국회부의장 신익희申翼熙, 그리고 원외의 조소앙趙素昻 등이 거론되었다. 그러나 이승만은 7월 27일 국회에 출석하여 이상 세 사람에 대한 평가와 개인적 관계 등을 설명한 다음 예상을 뒤엎고 엉뚱하게도 이북 출신 목사인 이윤영李允榮 의원을 국무총리로 지명하면서 지지를 호소했다.

> 이 사람의 생각에 국무총리보다 덜 중요하지 않은 책임을 김성수 씨에게 맡기려는 것이 나의 가장 원하는 바임으로 발표될 때 보면 알려니와 이러한 각오하에서 김성수 씨는 그 자리를 피한 것입니다.……신익희 씨는 누구나 그분보다 더 낫게 생각할 국무총리 자격이 몇 분 안 될 것이며 또 따라서 나의 사분상私分上으로는 수십 년 전부터 깊이 알고 친임하며 애중히 여겨 오는 터입니다. 그러나 우리 정부 3권 분립에서 국회가 가장 중요한 기관으로……상당한 지도자 없이는 전도가 심히 망창합니다. 조소앙 씨는……불행히 근자에 와서 총선거 문제 이후로 노선이 갈려서……우리가 다

> 불행히 여기는 바입니다.[7)]

이렇게 세 사람에 대한 언급을 마친 뒤 이승만은 이윤영李允榮을 선임한 이유를 설명했다.

> 이 공포에 대해 이윤영 의원이 가장 놀랄 줄 압니다. 이분을 임명하는 나의 이유를 간단히 설명합니다. 첫 번째, 총리임명에 먼저는 국회의원 중으로서 택할 것을 많이 생각한 것이니 민의를 존중하고자 하는 본의에서 나온 것입니다. 둘째는, 이북 대표 한 분이 그 자리를 점령하기를 특별히 관심한 것입니다. 여러 가지 급급한 우리 문제 중에 제일 급한 것은 남북통일 문제입니다. 따라서 우리가 무슨 정책을 쓰든지 이북 동포의 합심 협력을 얻지 않고 되기 어려울 것입니다.[8)]

물론 이윤영의 총리 임명동의안은 표결에 부쳐 찬성 59, 반대 132표의 압도적인 부정적 숫자로 부결됐다. 이때부터 이승만 대통령과 총리 임명을 둘러싸고 국회와의 사이에 숫한 우여곡절이 이어진다.

여기에서 이승만이 예상을 뒤엎고 왜 이윤영을 총리로 지명했을까를 분석해볼 필요가 있다. 무엇보다도 이승만은 김성수나 신익희 등 정치적 기반이 있는 인물을 총리로 기용했을 경우 자신의

---

7) ≪동아일보≫, 1948. 7. 28.
8) ≪동아일보≫, 1948. 7. 28.

정치적 위상과 향후 정국 운영에 부담이 된다는 것을 느꼈을 것이라는 것이 일반적인 해석이다.

이날 이승만의 연설 중에는 "정부수립 이전에 정당이 먼저 생겨서 다소 분규가 있게 된 것은 우리가 다 아는 사실이요 유감으로 아는 바입니다."라고 정당에 대한 거부감을 표시하였는데, 이는 이승만이 간접적으로 김성수 등을 총리로 기용하지 않은 요소로 작용한 것으로 보인다.

1대 이범석

이윤영 총리 임명동의안 부결 이후 5일이 지난 뒤인 8월 1일, 이승만은 광복군 출신의 이범석李範奭을 새 총리로 지명하여 국회에 승인 요청을 냈다. 이튿날(2일) 임명동의안이 가결되어 초대 총리로 취임한 이범석은 어떻게 국무총리의 역할을 했을까.

이범석 총리의 역할은 한국 정부 내에서 국무총리의 위상이 어떻게 정립되느냐 하는 모델이 되기 때문에 큰 관심사였다.

그는 국회에서 인준이 끝나자 인사말을 통해 "건국 초기에 막중한 임무를 맡겨주어 고마움보다 불안하고 마음이 떨린다. 의원 여러분께서 건국의 역군으로서 지도 편달해주기 바란다."는 요지의 의례적인 인사말을 하자, 이석주 의원이 "일국의 국무총리가 됐으면 정치를 어떻게 해야겠다든지, 해야 한다든지 하는 정책 얘기를 해야지, 왜 시시껄렁하게 잘 봐주시오가 뭐냐."고 다그쳤다.

이에 이범석은 "헌법에 의하면 대통령책임제를 명문으로 하고 있습니다. 제헌헌법과 정부조직법에 의하면 국무총리는 대통령을 보필하고 대통령의 명을 받아서 행정을 하게 되어 있습니다. 따라서 국무총리의 정견이라는 것은 대통령을 보필하여 대통령의 정견을 충실히 실천에 옮기는 것이어야 할 것입니다. 총리 개인의 정견을 가지고 임무를 수행하는 것이 아니지 않겠습니까."라고 답변함으로써[9] 이때부터 국무총리 역할의 한계와 방향이 정해졌다고 볼 수 있다.

그 후 이범석은 초대 조각에서 어떤 역할을 했는지가 우리나라 국무총리의 위상을 평가하는 데 중요한 척도가 될 수 있다. 그러나 이승만은 이 총리 인준 직후 기자들과 간담회에서 "조각은 국무총리와 협의하여 인격 본위로 등용하겠다."[10]는 약속과는 달리 이범석은 내각 구성에 거의 역할을 하지 못한 것으로 전해진다.

물론 제헌헌법에서는 국무총리의 국무위원 제청권이 없었지만 이범석은 다음과 같이 말한 적이 있었다.

> "조각에서 나는 인촌仁村(김성수의 호)과의 약속을 지키기 위하여 노력했다.……한민당에서 천거해온 8명의 인사를 대통령에게 기회 있는 대로 귀띔해주기에 애썼다. 그러나 내 제의를 말없이 듣던 이 대통령은 '그 자리는 내가 벌써 생각해놓

9) 철기 이범석 장군 기념사업회, ≪철기, 이범석 평전≫, 1992, p.93.
10) ≪동아일보≫, 1948. 8. 3, 1면.

은 사람이 있는데'라고 하였다."[11]

이범석이 이와 같은 위상을 갖고 총리직을 수행하는 과정에서 정치적인 일들이 불거져 이범석은 21개월 만에 사임했다. 이범석의 지지 세력인 조선민족청년단(족청族青)의 조직에 대해 못마땅하게 생각하고 있던 이승만이 '족청'을 해산했고, 그가 겸임해온 국방장관 재직 시 업적으로 평가되는 수도사단 정훈국政訓局, 대북공작국(제4국) 창설 등이 오히려 반대세력들의 모략 자료가 되어 결국 스스로 물러나고 말았다.

2대 장면

이범석 사임 후 신성모申性模 서리 시기를 거쳐 1950년 11월 23일 제2대 국무총리에 장면張勉이 임명됐다. 장면이 임명될 때는 6·25 전쟁 와중으로, 9·28 서울 수복 후 중공군의 참전 등으로 전황이 복잡해져 대미對美, 대유엔 외교가 무엇보다도 절실했다. 따라서 장면은 총리에 임명된 뒤에도 2개월간이나 미국에 체류하면서 외교 활동을 벌였고, 귀국(1951. 1. 28) 후 10개월 만에 다시 파리에서 열린 유엔총회 수석대표로 참석하는 바람에 허정許政이 국무총리서리에 임명되면서 장면이 실제로 국내에서 총리직을 수행한 것은 9개월여에 불과하다.

---

11) 김종완, ≪정계비사≫, 1966, pp.85~87.

장면은 또 파리 유엔총회 참석 중 건강이 좋지 못하여 귀국을 늦추고, 귀국(1952. 4. 1) 후에도 요양차 부산 미국병원에 입원하는 등 퇴임할 무렵 건강 문제가 제기되기도 했다. 그러나 장면 재임 중 국민방위군 사건(1951. 3), 거창居昌 사건(1951. 4) 등 어려운 일들이 일어났으며, 정치적으로는 이시영李始榮 부통령의 사임(1951. 5. 9)과 대통령 직선 및 양원제를 골자로 하는 정부의 개헌안이 제출(1951. 11. 28)되어 국회에서 부결(1952. 1. 18)되고, 국회 내에서는 장면을 다음 대통령으로 선출하려는 움직임이 이는 등 복잡한 상황에 얽히면서 이승만은 장면을 정적政敵으로 여기게 되었다.

장면이 유엔총회 대표로 참석하고 있는 동안 사회부장관이었던 허정을 서리로 임명하여 총리직을 대행케 하는 비정상적인 국무총리제 운영이 계속되었다.

3대 장택상

장면 사임(1952. 4. 23) 후 이윤영(서리)을 거쳐 제3대 총리로 장택상張澤相이 임명되어 이른바 부산 정치파동(1952. 5. 26)을 겪고 발췌개헌안이 통과되는 등 정치적 소용돌이가 계속됐다. 장택상은 국회부의장에서 총리로 발탁되었다. 때문에 그의 정치적 역량과 배경을 고려하여 이승만은 "정부정책과 인사정책, 재정출납과 외교선언 등은 절대로 대통령의 협의를 득한 후 행하여야 될 것임을 동의함이 필요함"이라는 조건을 제시하였고, 장택상이 이를 수락하여 총리에 취임하였다. 이는 이승만이 장택상의 정치적 성향을 의식하여 총리 역할의 한계를 명확히 한 것으로 이승만의 총리관을 말해주는 중요한 시사점이다.

장택상 총리 재임 중 가장 큰 정치 이슈는 개헌改憲이었다. 야당의원(민국당) 중심으로 제출된(1952. 4. 17) 의원내각제 개헌안이 공고(1952. 5. 7)된 후, 정부는 1차 부결된 개헌안을 다시 국회에 제출(1952. 5. 14)하여 2개의 헌법 개정안을 혼합시킨 발췌개헌안을 국회가 통과(1952. 7. 4)시키는 과정에서 부산, 경남, 전북, 전남 등 일원에 계엄령이 선포되는 과정을 겪기도 했다. 어떻든 이승만은 장택상으로 하여금 개헌을 성사시켜 대통령 직선제의 꿈을 이루어 그의 정치적 목적을 달성했다.

여기서 잠시 초대 총리 이범석과 3대 총리 장택상과의 관계를 살펴보면 이승만의 용인술用人術을 엿볼 수 있다.

초대 내각에서 이범석이 국무총리를 할 때 장택상은 외무장관이었으며, 1차 조각 때 장택상이 이범석을 국무총리로 천거했다는 설도 있다. 그러다가 장택상이 총리가 된 후 이승만은 이범석을 갑작스레 내무장관으로 발령(1952. 5. 26)하여 두 사람은 초대 내각 이래 두 번째로 같은 내각에서 총리와 장관의 위치에서 일하였다. 이런 점에서 두 사람이 모두 이승만에게 이용당한 점에서는 똑같다는 평을 받고 있다.

장택상은 개헌을 성공시켜 2대 대통령 선거를 치르면서(1952. 8.

5), 이범석과 감정적인 비난까지 주고받는 등 반목이 심화되었고, 이어 족청계의 양우정梁又正이 발행하는 ≪연합신문≫이 이른바 후루이치(古市進) 사건을 폭로하여 결국 사임했다. 후루이치 사건이란 일제 때 경성부윤京城府尹을 지낸 후루이치가 밀입국하여 총리를 면담한 사건으로, 정치적으로 말썽이 되자 이승만도 유감을 표시하고 장택상을 총리직에서 사임시켰다. 그러나 이는 구실에 불과하고 발췌개헌拔萃改憲으로 장택상의 소임이 끝났다고 판단한 이승만의 계산 때문으로 풀이되기도 한다.

4대 백두진

개헌, 대통령 선거 등 정치적 고비를 뜻대로 넘긴 이승만은 장택상이 사임하자 '白재정'으로 통하던 당시 재무부장관인 백두진白斗鎭을 국무총리 서리로 임명(1952. 10. 9)하고, 이듬해 4월 국회의 동의를 얻어 제4대 총리로 정식 임명했다. 백두진의 기용은 6·25 전쟁과 정치적 소용돌이 속에서 황폐해진 경제를 회복시키려는 의도로 풀이된다.

백두진은 경제관료 출신답게 1차 통화개혁(1953. 2. 15 달러화 : 한화 100 : 1로 절하), 한·미 합동경제위원회협약 조인(1953. 12. 14) 등 경제정책에는 깊숙이 간여했으나, 세계를 놀라게 한 반공포로 석방(1953. 6. 18), 휴전협정 조인(1953. 7. 27) 등 커다란 정치적 사건에는 깊이 간여하지 못했다. "반공포로의 석방에 관해서는 국무회의에서 논의된 적이 있었지만 석방조치를 나는 전혀 알지 못했다."[12] 고 회고했다.

백두진은 제3대 민의원 선거(1954. 5. 20) 후 국무원에 대한 재신임 문제가 야기되어(헌법 제70조 2항 총선거 후 최초에 집회된 민의원에서 신임결의를 얻지 못한 때에는 국무원은 총사직하여야 한다.) 국회와의 마찰을 피하고자 하는 이승만의 뜻에 따라 사임했다.

5대 변영태

제5대 총리는 외무장관이었던 변영태卞榮泰가 임명되었으나 이승만의 3선 출마를 허용하는 이른바 사사오입 개헌(1954. 11. 29)으로 국무총리 제도가 없어져, 변영태는 당시 한국 전후戰後 문제를 다루던 제네바회담 참석 중 총리직을 잃고 말았다. 국회에서 개헌안이 가결되자(부결을 번복 결정), 당일 국무회의를 열어 개정헌법을 공포 시행하며 국무총리실은 당일 17시에 해산됐다. 따라서 총리 산하에 있던 총무, 공보, 기획, 법제처 및 외자관리청, 관재청 등 4처 2청은 정부조직법 개정까지 대통령 직속으로 존속시키도록 했다. 이승만 정부에서는 5명의 총리와 3명의 서리(직무대리)가 등장했으나 그 임명과정과 서리제署理制에 관해서는 앞에서 설

12) 백두진, ≪백두진 회고록≫, 1975, p.195.

명했다.

여기서 알 수 있는 것은 제1공화국에서의 국무총리제 운영은 이승만의 정국 운영 구도에 따라 필요한 인물을 선택하였으며, 특히 국무총리의 역할은 극히 제한되어 있었다는 것이다. 이승만은 당초 헌법 제정 당시 한민당 세력과의 정치적 타협에 의해 국무총리제를 받아들였지만 실제 운영에서는 철저히 국무총리의 탈정치화脫政治化를 꾀하였다.

초대 총리 임명에 예상을 깨고 정치적 기반이 없는 이윤영을 지명한 것이라든지, 헌법 규정에도 없는 서리제를 장기간 운영하여 국무총리에 대한 기대감을 감소시킨 사실뿐 아니라, 후반기에는 경제, 외교 등 관료 출신을 등용하여 실무적으로 현안에 대처케 함으로써 국무총리의 정치세력화를 철저히 배제시켰다.

또한 이승만은 헌법상 의결기관이었던 국무회의도 이승만 자의恣意로 운영했던 것으로 전해지고 있다. 건국 초기 거의 매일 열린 국무회의에서 회의가 늦어지면 이승만이 자리를 뜨고 나면 나머지 국무위원들도 하나둘 자리를 비워 회의가 되지 않았다는 것이다. "초대 총리인 이범석은 총리가 무엇이란 것을 이해도 못했고, 또 실제론 국무회의도 제대로 이끌어가지 못하는 명색만의 총리였다."[13]는 유진오兪鎭午의 증언이 이를 잘 말해준다.

결국 이승만 정부에서의 국무총리 제도 운영은 이승만의 국무총리 경시輕視 시각에서 출발하여 비정치非政治, 현안대처懸案對處, 상

---

13) ≪중앙일보≫, 1982. 3. 29, '중앙청'.

징적 보좌역할 등 오늘에 이르기까지 한국의 정치·행정에서 국무총리의 역할을 가늠해볼 수 있는 대강의 틀이 잡혔다고 볼 수 있다.

2. 민주당 정부(제2공화국) : 행정 수반으로서의 국무총리

6대 허정

이승만 정부가 1960년 4·19 학생혁명으로 붕괴되고, 허정許政의 과도정부過渡政府를 거쳐 7·29 총선에서 압승한 민주당은 한국 헌정사상 최초의 내각책임제 헌법하에서 대통령과 국무총리를 간접선거(국회선출)로 선출하였다. 특히 실질적인 통치권자인 국무총리의 선출은 국민의 비상한 관심을 끌었다.

민의원의 민주당 공천 당선자 175명 중 첨예하게 대립된 신구파 의석 비율이 75~80 : 80~85였고, 10여 명이 중립파였기 때문에 국무총리를 어느 파에서 차지하느냐부터가 정권 향배에 결정적 영향을 미쳤다.

특히 일부 두소속 의원들은 민주당 신구파 총리후보자인 장면張勉, 김도연金度演에게 ① 4월 혁명의 완수 방안, ② 원내 소수파의 권익보장 방안, ③ 거국내각 구성 및 국방, 법무부의 중립유지 방안, ④ 경제정책 심의기구 구성 방안, ⑤ 농어촌 경제 안정책 등의 질문서를 공개적으로 보내어, 자신들의 투표 의사결정에 참고하겠다는 뜻을 표하는 등 국무총리 선출에 큰 관심을 표명하기도 했다.

이같이 긴장된 분위기 속에서 윤보선尹潽善 대통령(구파)은 8월 16일 제2공화국의 초대 국무총리로 같은 구파 소속의 김도연을 지명하여 이튿날 표결에 붙였다. 이를 두고 구파에서는 대통령과 국무총리를 전부 차지하려는 겸점원칙을 정했다고 표현되기도 한다. 그러나 이튿날 표결에 부친 결과 투표자 224명 중 가 111표, 부 112표, 무효 1표로 김도연의 총리인준안은 부결되고, 8월 18일 윤보선은 장면을 후보로 지명하여 다음 날 투표에 부친 결과 투표자 225명 중 가 117표, 부 107표, 기권 1표로 가결됐다.

7대 장면

이렇게 하여 총리로 선출된 장면은 ① 국무위원을 임면하고, ② 국무회의의 의장이 되며, ③ 행정 각부를 지휘 감독하고, ④ 민의원을 해산할 수 있는 막강한 권리를 가진 총리가 되었다. 그러나 이처럼 치열한 경쟁 속에서 한국 역사상 최초로 내각책임제 총리로 선출된 장면은 그의 우유부단한 성격과 신구파의 대립으로 그의 정치력을 발휘하지 못한 채 8개월 만에 권좌에서 사라지는 비운을 맞게 되었다.

장면은 우선 첫 조각에서 내각의 다수를 신파로 임명(14인 중 11인)

하자, 구파의 반발로 20여 일 만에 다시 내각을 구성(신파 7, 구파 5, 무소속 2)하는 등 시행착오와, 3·15 부정선거 관련자와 4·19 발포 명령자를 처벌하는 소급 입법을 가능케 하는 개헌(1960. 11. 23)을 하는 등 정치적 소용돌이 속에 최초로 행정부 실권을 쥔 국무총리로서 미래지향적 국가 발전계획을 추진하지 못한 것은 못내 아쉬운 점이다.

취임하면서 경제제일주의를 표방하고 경제개발 5개년 계획을 실질적으로 수립했다지만 이념 문제의 표출, 경찰·군 조직의 이반, 사회 혼란 등이 아직도 국민 뇌리에 짙게 각인되어 있는 것이 사실이다.

장면 재임 시 한 가지 짚고 넘어가야 할 사항은 윤보선 대통령과의 관계다. 윤보선은 장면 내각에 대해 내각책임제 대통령으로서는 흔히 있을 수 없는 몇 가지 사례를 야기해 대통령과 국무총리 사이의 미묘한 관계를 나타냈다.

윤보선은 대통령에 당선되자마자 다음 날 경무대로 이사를 해서 집무실로 사용하여, 호텔방(반도호텔 828호)을 집무실로 사용하던 장면과 대조를 이루었고, 10월 10일 과도정부에서 임명한 도지사들을 전면 경질하는 장면의 인사에 대해 '유감'이라는 담화를 발표하여 구파에 동조한 것이다. 이에 대해 내각책임제 아래서는 있을 수 없는 일이라는 평가를 받고 있다.

또한 1961년 3월 22일 반공체제 강화를 위한 정치 회담에서 윤보선은 장면에게 "시국을 수습할 수 없다면 정권을 내놓으라."고 공격하여 장면과 격양된 언사가 오갔다는 일화가 전해진다. 윤보선과 장면 사이에는 거국내각, 군통수권, 비상대권 발동 등의 문제를 둘러싸고 5·16 군사정변 직전까지 날카롭게 견해 차이를 보였다는 지적은 제2공화국 당시 대통령과 국무총리 사이의 관계와 장면 총리의 정치적 위상을 잘 나타낸다.

3. 박정희 정부(제3·4공화국) : 개발 연대의 장수 총리

한국 정치사에 처음으로 군사 쿠데타라는 비상수단으로 정권을 잡은 박정희朴正熙는 1963년 12월 17일 제3공화국을 출범시켰다. 이에 따라 1954년 11월 사사오입 개헌으로 폐지되었던 국무총리 제도가 9년 만에 다시 부활되었다. 그동안 국무총리 제도는 4·19 이후 과도정부, 내각책임제에 의한 총리, 5·16 후 2년 7개월여의 내각수반제도로 운영되어 오다가 대통령중심제의 총리제도로 환원된 것이다.

박정희의 강력한 리더십에 의해 운영된 제3·4공화국은 한국 역사상 가장 역동적으로 경제개발이 이룩되어 한국이 세계 선진국가 대열 진입 문턱에 설 수 있는 기반을 마련한 것은 사실이다. 그러나 '조국 근대화'라는 신앙적 국정 목표를 향해 집념과 끈기를 가지고 실천 지향적 집권 엘리트와 관료들을 중심으로 경제개발을 추진하는 동안, 국민의 민주화 열망과 정권 안보의 논리를 어떻게 조화시키느냐의 문제가 대두되었으며, 목표를 위해 수단을 가리지 않는 가치관의 혼돈에서 오는 부작용이 오늘에 미치고 있는 것도 부인할 수 없다.

3선 개헌의 고비를 넘긴 박정희는 장기집권의 방편으로 '유신維新'을 단행하고 경제개발 논리에 안보 논리를 추가하여 "싸우면서 건설하자."는 슬로건을 내걸기도 했다. 1970년대 들어 미·소의 냉전체제가 완화되고, 미·중공 화해와 주한미군 철수 발표 등 새로운 안보체제에 직면하여 이른바 국력의 조직화, 국정운영의 효율화, 능률의 극대화를 내건 유신헌법의 시행으로 말미암아, 정부와 반대 세력 간의 긴장으로 이어져 불행한 종말을 맞게 되었다.

박정희는 강한 집념과 체제의 뒷받침으로 3선 개헌, 한일 국교정상화, 월남越南파병, 경부고속도로 건설, 새마을운동, 10월 유신, 수출 증대, 중화학공업 육성 등 숫한 고비와 과정을 거치면서 근대국가의 터전을 마련했다.

이와 같은 많은 일들이 이뤄지는 과정에서 과연 국무총리는 어떤 일에 얼마만큼 기여했을까. 우선 3공화국 헌법에서는 국무총리 임명에 국회의 인준절차를 배제한 것이 박정희로 하여금 총리 인선에 정치적 부담을 덜게 했다고 볼 수 있다.

한국의 국무총리 제도는 어떻게 보면 이승만 정부 당시 국회와의 힘겨루기 요소가 되어 복잡한 역사를 갖게 된지도 모른다. 이와 같은 전철을 밟지 않기 위해 3공화국 헌법에 국무총리 임명 절차를 단순화시켰는지는 모르지만, 박정희는 의중의 인물을 마음대로 총리에 임명할 수가 있었다. 박정희의 권위주의적 통치 스타일에 비추어 국무총리의 역할에 크게 비중을 두지는 않았지만 그는 정치 상황에 따라 자신의 약점을 보완할 수 있는 인물을 총리로 기용하여 장기간 활용했다고 볼 수 있다.

박정희 재임 18년 동안 국무총리는 총 5명이며, 평균 재임 기간은 38개월로 역대 어느 정부보다 장수하였다는 점에서 그 운용이 매우 안정적이었다. 특히 제3·4공화국의 총리들이 취임할 때마다 새로 출범하는 내각의 구성원이나 국무총리 개인의 성향에 따라 방탄防彈내각(최두선), 돌격突擊내각(정일권), 행정내각(백두진), 정치내각(김종필), 실천내각(최규하) 등으로 명명되었는데, 여기서 당시 내각의 특징과 지향점을 잘 알 수 있다.

8대 최두선

1963년 12월 12일, 박정희는 제3공화국 출범(12. 17)을 닷새 앞두고 최두선崔斗善을 국무총리로 기용한 초대 내각을 발표했다. 박정희는 5·16 쿠데타와 군정軍政을 마치고 합헌적 초대 내각의 총리에 구야권舊野圈 인사이며 대한적십자사 총재인 최두선을 발탁한 것이다. 그의 기용은 쿠데타에 의한 정권이라는 정통성正統性 문제를 보완하고자 했던 것으로 보인다.

당시 집권당인 민주공화당은 당 출신으로 내각 구성을 희망했으나, 박정희는 군사정부라는 이미지를 개선하기 위해 명망가를 총리로 기용하고 내각도 행정실무형 중심으로 구성했다. 최두선은 출범 초기에 방탄내각이라는 이름에 맞도록 많은 노력을 했으나, 한일회담 반대 데모·물가고·식량 문제·환율 인상 등 계속되는 경제적 어려움에 봉착했다. 이때 공화당에서는 개각을 건의했으나, 최두선으로서는 한일회담의 주역은 내각이 아니라는 입장에서 처음에는 개각을 반대하다가 결국 취임 144일(1964. 5. 9) 만에 사퇴했다.

9대 정일권

최두선의 뒤를 이은 정일권丁一權 국무총리는 박정희에게는 군의 선배로 초대 내각에 외무장관을 하면서 총리로 발령되어 재임 중 2번이나 외무장관직을 겸임했다. 역대 총리 중 최장수 총리(6년 7개월)로서 정일권은 내각의 '얼굴'로 비교적 복잡한 정치 문제에는 깊이 관여하지 않은 것으로 알려지고 있다.

박정희는 정일권에게 군軍 문제와 정치자금과 연관된 경제문제에 대해서는 간여하지 말고 아울러 이북 출신 인사들과의 접촉을 삼가달라는 부탁을 했다. 이는 이승만과 마찬가지로 박정희도 국무총리의 탈脫정치화를 바랐고, 군을 직접 지휘하면서 경제개발은 경제기획원장관을 활용 주관하겠다는 의지로 해석된다.

특히 박정희 시절, 군 문제에 대해서는 역대 국무총리의 금기 사항 중 하나였다. 고위 군장성과의 접촉은 물론 군부대 시찰마저도 사전 승인 없이는 불가능했고, 아예 간여를 하지 않는 것이 관례였다.

정일권은 국내 문제에서는 주요 정책결정 과정에서 소외돼 있어 "말이 국무총리이지 내가 무슨 국무총리입니까? 이런 로봇 총리는 할 생각이 없다고 생각하여 사의를 표명한 적도 있었다."14)고 당시 정구영鄭求瑛 공화당 의장에게 하소연했다.

정일권은 취임하자마자 공화당 측의 요구에 따라 당에 입당하여 거국내각의 모습을 보이도록 입당을 거부했던 전임 최두선과 대조를 이루었으며, 1967년 대통령 선거와 총선거에 전국을 다니며 선거운동을 하기도 했으나 3선 개헌 등 주요 정치적 사건에 깊이 간여한 흔적은 없다.

10대 백두진

정일권이 1971년 제8대 국회의원에 입후보하기 위해 사임(1970. 12. 20)하고, 뒤를 이어 백두진白斗鎭을 중심으로 한 선거 관리 내각을 구성하였다. 백두진은 1971년 봄, 7대 대통령 선거와 8대 국회의원 선거를 관리하는 것이 가장 큰 임무였기 때문에 여타 정치·행정 문제에 대해서는 일상적인 임무만을 챙긴 총리로 볼 수 있다. 이승만 정부 때 총리에 이어 두 번째로 총리직에 오른 백두진은 아침 일찍 출근하여 노익장을 과시하면서 좌장격座長格의 업무 스

14) 이영석, ≪정구영 회고록≫, 1987.

타일을 보였다. 백두진은 비교적 소극적인 자세로 업무에 임하여 "사소한 문제까지 대통령에게 보고하고 지시를 받는 형식으로 총리직을 수행했다."[15]고 스스로 회고했다.

11대 김종필

백두진 후임으로 제11대 국무총리로 기용된 김종필金鍾泌은 역대 총리 중 가장 정치적인 총리였고, 정치적으로뿐만 아니라 행정적으로도 국무총리 역할을 눈에 띄게 해낸 총리로 볼 수 있다. 김종필이 등장할 때의 정국은 직전에 실시된 8대 국회의원 선거에서 신민당이 약진(득표율로 공화당 47.8%, 신민당 43.5%)했고, 대통령 선거에서는 박정희 대통령이 "이번이 마지막 선거유세"라고 공언하여 포스트 박에 대한 관심이 집중될 때였다. 또한 김종필이 박정희의 3선 개헌에 반대하다가 선회하여 최일선에서 선거운동을 한 뒤였다.

이와 같은 상황에서 박정희가 5·16 주체이자 정치적인 비중을 가진 김종필을 기용하자 총리실은 갑자기 활기를 띠기 시작했다. 박정희의 이와 같은 인사 포석은 3선 개헌 과정에서 급부상한 공화당 내의 신주류(김성곤金成坤, 길재호吉在號, 백남억白南檍, 김진만金振晩 등 4인 체제)를 견제하기 위해 김종필로 하여금 행정부를 주도케 했다는

15) 백두진, 앞의 책, 1975, p.444.

해석도 있다.

김종필은 오치성吳致成 내무, 민관식閔寬植 문교, 윤주영尹胄榮 문공 등 지지자들을 천거하여 주변에 두고 총리의 위상을 높여나갔다. 결국 오치성 내무장관이 여당 신주류의 주동으로 국회에서 불신임당하는 이른바 '10·2 파동'이 일어났고, 이어 국가비상사태 선포 등 유신維新의 서막이 펼쳐져 김종필의 정치적 운신의 폭은 점점 제약을 받게 되었다.

유신 과정에서 김종필은 계획단계에서는 소외된 것으로 알려졌다. 그 증거가 될 만한 한 장면을 살펴보면 당시의 상황을 짐작할 수 있다. 당시 의전비서관이었던 신두순申斗淳은 다음과 같이 전하였다.

> 1972년 10월 16일 오후 4시경이었다. 청와대에서 박 대통령을 만나고 중앙청으로 온 김 총리의 표정이 어찌나 격분해 있던지 대기하고 있던 비서관들도 감히 집무실로 따라 들어갈 수가 없었다. 한동안의 정적이 흐른 뒤 할 수 없이 여직원을 들여보내서 동정을 살피도록 했으나 집무실에서 나온 여직원 역시 책상에 엎드려 울고 있었다. 그 이유를 물어본즉 집무실 유리창으로 광화문 쪽을 바라보고 섰던 김 총리가 갑자기 "그래 국민들이 뭐라고 할 것 같아?"하고 큰 소리로 물어 무슨 영문인지 몰라 그대로 나왔다고 설명했다. 김 총리는 집무실에 잠시 머물다가 공관으로 퇴근해서 한동안 끊었던 담배를 찾아 비서들이 당황했다고 한다.

그러나 다음 날(10. 17) 유신이 선포된 후 설치된 비상국무회의(국회 해산 후 입법기능을 하는 기관)에서 필요한 법률안 등을 처리하는 등 체제 구축에 협조한 것이 사실이다. 그 결과 김종필은 헌법이 전면 개정되어 국무총리 임명 방식이 바뀐 상황(유신헌법부터 국무총리 임명에 국회 동의 필요)에서도 총리직을 계속하면서 총리보좌기관으로 행정조정실, 행정개혁위원회 등을 신설, 총리실 기능을 보강하여 행정부 제2인자의 역할을 충실히 해냈다.

한편 김종필은 유신 체제에 대한 야당 및 학생 재야 인사들과의 체제 공방에 대해 선두에 나서 박정희를 방어하면서 김대중金大中 납치 사건, 육영수陸英修 여사 피살 사건 등을 외교적으로 해결하기도 했다. 그러나 김종필은 육영수 여사 서거 이후 청와대 비서진들의 견제와 대통령이 절대권력을 가진 유신 체제하에서 총리 역할의 한계를 느껴 신병을 이유로 사임하고 말았다.

정치적 색채가 농후한 김종필이 갑자기 사임하고 뒤를 이은 최규하崔圭夏는 김종필과 대조적으로 정치적 색채가 전혀 없는 정통 외무관료 출신이었다. 유신 체제 이후 국회와 정당의 활동이 위축된 상황 아래서 박정희는 정치적으로 부담되는 총리보다는 실무가형 행정총리를 필요로 했을지도 모른다.

최규하가 임명되자 총리실은 그 활동 영역을 축소하여 우선 예산부터 절반으로 줄여 쓰는 일에 착수하여 근검 행정에 앞장섰다. 그러나 최규하는 주한미군철수 문제, 박동선朴東宣 사건, 미국의 청와대 도청 사건 등 외교 문제를 끈질긴 노력으로 해결해나갔다.

최규하는 외무부장관 당시 내걸었던 '조용한 외교'의 연장선상에서 총리직 수행도 조용한 실무형을 택해 혼자서 전국 방방곡곡을 시찰하면서 현장을 확인하는 등 부지런한 총리 역할을 했다.

다만 유신체제의 후반기에 들면서 YH 여공농성 사건, 야당 김영삼金泳三 총재 의원직 박탈에 따른 부마釜馬사태 등 정치적 사건에는 역시 큰 역할이 부여되지 못하였다. 그러나 박정희가 시해된 엄청난 시련 속에서 국무총리로서 대통령 권한을 이어 받아 다음에 대통령이 되는 최초의 국무총리가 되었다.

이상에서 살펴본 것처럼 박정희 정부의 국무총리는 경제개발과 국가안보라는 국정 목표에 매진하는 박정희를 시대 상황에 맞추어 보좌하는 역할을 했다고 볼 수 있다. 다시 말하면 경제개발과 국방 정책은 박정희의 직할 정책으로 간주하고 자신이 할 수 있는 일을 찾아 한 것 같다. 또한 박정희로서는 앞에서도 지적했듯이 자신이 국정을 펴나가는 데 보완적으로 필요한 인물을 부담 없이 선택하여 이미지 보완(최두선), 상징적 얼굴의 활용(정일권), 선거 관리(백두진), 여·야당 견제(김종필), 안정적 행정 관리(최규하)에 활용했다고 해석된다.

박정희 집권 후반기의 국무총리는 상징적, 의전적 역할이 많아 의전총리, 대독총리라는 비판이 일기도 했다. 박정희는 돌발 사건 처리나 정국 운영의 국면전환을 위해 총리에게 책임을 지워 경질하지 않고 장기간 재임시켜 행정부의 안정을 꾀한 것이 특징이다.

4. 최규하 정부(과도정부) : 과도기의 실세 총리

12대 최규하

박정희 대통령 시해 사건으로 국무총리에서 대통령이 된 최규하崔圭夏는 1980년 8월 16일 대통령직을 사임할 때까지 유신 권위주의 체제가 무너지고 격동의 연속인 불투명한 정치 상황을 관리한 위기관리자危機管理者였다.

최규하는 자기 책임하의 정부를 스스로 위기관리정부로 자처하고 나섰으나, 정치 일정에 의견을 달리하는 정치 세력 간의 갈등과 신군부의 등장으로 12·12 사태, 개헌 주도를 둘러싼 국회와 행정부의 알력, 학원소요, 5·17 비상계엄 확대 조치와 광주光州사태, 그리고 국가보위비상대책위원회(국보위) 설치 등 격동기에 직면하여 대통령 취임 9개월 만에 하야下野하고 말았다.

제10대 대통령에 취임한 최규하는 당시 제2차 오일쇼크와 수출부진에 따른 경제 사정 악화를 고려하여 경제기획원장관으로서 물가안정에 주력했던 신현확申鉉碻을 국무총리에 발탁하였다. 신현확을 선택한 것은 그의 영남 지역 내 광범위한 인맥과 해박한 지식을 높이 평가한 것으로 보인다.

최규하는 역대 국무총리가 국회의 임명동의와 관련하여 서리로

13대 신현확

발령하던 관례를 깨고 신현확을 총리 내정자로 지명하여(1979. 12. 10) 즉시 국회 동의를 받아(12. 13) 정식 총리로 임명했다. 이는 행정 관료 출신으로 절차를 중요시하는 최규하의 평소 생각을 구현한 조치로, 신현확은 국회 임명동의를 먼저 받고 정식으로 임명된 총리라는 점에서 주목할 만하며, 이 관례는 제5·6공화국에서도 무시되다가 김영삼金泳三 정부에 와서 정착됐다.

신현확은 야당의 거국내각 구성 요구와 당시의 정치 상황을 고려하여 공화당을 탈당하고 의원직까지 사퇴했다. 신현확은 특유의 뚝심과 해박한 지식을 가진 데다 국회의 헌법개정심의특별위원회와 별도로 정부 내에 헌법개정심의위원회를 설치한 데 대해 정치권으로부터 압박을 받았다.

신현확은 1980년 학원소요의 격화와 5·17 비상계엄 확대 조치 등 일련의 사태 속에 사임했다. 5·17 이후 정국은 사실상 신군부에 의해 주도되고 정치활동이 금지되어 국회 기능이 마비된 상태에서 최규하는 박충훈朴忠勳을 국무총리서리로 다시 임명하였으나, 1980년 5월 31일 국가보위비상대책위원회가 설치되어 정치·행정을 주도함에 따라 국무총리의 역할은 더욱 축소됐다. 그러나 박충훈은 그해 8월 16일 최규하가 대통령직을 사임함에 따라 9월 1일 전두환全斗煥 대통령이 선출될 때까지 대통령권한대행도 겸임하게 됐다.

5. 전두환 정부(제5공화국) : 경제 회복과 화합의 상징

최규하 대통령이 하야하고 실질적으로 국정을 운영하던 전두환全斗煥 국보위 상임위원장은 유신헌법에 의해 제11대 대통령으로 취임(1980. 9. 1)했고, 이어 신헌법(제5공화국 헌법)에 의해 1981년 3월 3일 제12대 대통령으로 취임하여 7년의 임기를 마쳤다.

전두환은 취임 직후 10·26 시해 사건으로 근 20년간 고속성장을 해온 경제가 마이너스 성장의 수렁에 빠진 상황과 이어지는 수출 부진과 외채의 압력으로 인한 경제 부진에 가장 큰 관심을 쏟지 않을 수 없었다. 여기에다 정권 출범 과정에서 빚어진 '광주光州 문제'와 박정희 정부 당시 경제성장에 따른 소득분배 문제 등 정치·사회적 부담이 현실로 제기되었다.

전두환은 이러한 경제 사회적 문제에 대해 안정화 정책을 견지하여 소기의 목적을 달성해나갔다. 한 자릿수의 물가 상승률 유지, 1980년대 중반 연 8.3%의 경제성장 유지, 3저현상에 따른 국제수지 흑자 등 집권 초기에 우려했던 경제 사회 불안요인을 극복했다. 그러나 강력한 대통령의 권한에서 파생되는 부작용과 체제의 정당성에 대한 시비는 끊이지 않았고, 학생소요와 재야세력의 민주화 요구가 거세게 일어나자, 결국 개헌을 거쳐 정권이 이양됐다.

이와 같은 시대 상황 아래 전두환은 경제회복과 국민화합 차원에서 국무총리 인선을 하지 않을 수 없었다. 전두환 정부에서는 총 7명의 총리가 등장하였다. 그중 정권 초반에는 경제문제에 밝은 총리가 임명되었고, 중반부터는 지역 안배에 따른 국민화합 차원에서 총리 인선이 이루어졌다고 볼 수 있다.

14대 남덕우

앞에서도 지적했듯이 정권 출범 직후 경제 문제가 가장 시급했기 때문에 당시 하와이대학에 가 있던 남덕우南悳祐를 총리로 기용했다. 남덕우는 서강대학교 교수 출신으로 박정희 대통령 당시 평가교수가 인연이 되어 1969년부터 9년 동안 재무장관, 경제기획원장관으로 재직하면서 고비마다 새로운 아이디어로 성장 정책을 펴나간 인물이다.

남덕우는 취임하면서 "경제의 안정적 성장과 복지 수준의 점진적 향상을 추진하겠다."는 포부를 밝히고, 취임 직후 정부 공사의 조기 발주, 대형공사 착수 등 경기회복 정책에 주력했으며, 제5공화국 초기 전두환의 최측근 경제참모인 김재익金在益 청와대 경제수석과는 개인적으로 친분이 있어 호흡을 맞추어나갔다.

그러나 정권 초기에 가시적인 정책으로 국민의 지지를 확보하려는 권력핵심 세력의 의견과 점진적인 접근책을 쓰려는 남덕우의 견해가 엇갈리자 권력핵심 세력으로부터 "개혁의지가 부족하다."는 비판이 일기 시작했다. 그 한 예로 남덕우는 88올림픽 유치에 대해 경제적으로 부정적인 견해를 피력한 것으로 알려졌다. 또한 1981년 말 대대적인 정부기구 개편작업이 이루어지는 과정에서도 남덕우는 깊이 관여하지 못하였다.

이와 같은 기류 속에서 단기간 내의 경기회복 전망이 불투명하고, 경제팀의 경질을 요구하는 분위기 속에서 남덕우는 취임 15개월 만에 사임했다.

15대 유창순

후임으로 임명된 유창순劉彰順은 이론경제팀보다는 실물경제팀이 필요하다는 분위기에 따라 기용됐다. 물가 억제 등 국민들이 피부로 그 성과를 느끼는 정책이 필요하다는 판단에 따라 유창순 경제팀은 김준성金埈成 부총리, 나웅배羅雄培 재무 등 모두가 사기업 경영에 경험이 있는 인물들이었다. 특히 유창순은 5·16 군사 정부 시절 경제기획원장 당시 끝내 자기주장을 굽히지 않고 물러난 소신을 평가해서 발탁됐다는 평도 있었다. 그러나 유창순팀이 들어설 때부터 시중에 나돌던 이철희李哲熙·장영자張玲子 어음부도 사건이 터지고, 의령宜寧 경찰서 순경 총기 난사 사건이 일어나 5개월 만에 퇴임하고 말았다.

16대 김상협

이처럼 사회·경제적 사건으로 민심이 흐트러지자 민심 수습 차원에서 당시 사회적 명망이 있는 학자 출신 김상협金相浹을 총리로 기용했다. 김상협은 역대 총리 중 최초의 호남 출신 총리로서 당시 '호남의 정서'를 순화시키고 재야 세력과의 관계 등을 고려하여 국민화합 차원의 인사라는 평가를 받았다. 이와 같은 기대 속에서 김상협은 취임사에서 "막힌 것은 뚫고, 굽은 것은 펴겠다."는 의미심장한 각오를 피력하여 관심을 끌었으며, 재임 중에 '광주민주화운동' 관련자 일부 석방, 정치활동 규제자 해금 등 국민화합 조치가 이루어졌다.

17대 진의종

김상협 역시 재임 중에 '국무총리 역할의 한계'(국회 답변 중)를 토로하면서 자신의 위상정립에 고민하던 중 명성明星 사건, KAL기 피격 사건, 아웅산 사건 등이 연속되어 스스로 사임했다.

그 후임으로 역시 호남 출신인 진의종陳懿鍾 민정당 대표위원이 총리로 임명되었다. 이때는 정치 활동 규제에서 풀려난 야당 정치인들이 정치 활동을 재개했고, 학생들의 소요사태는 내연內燃했으나, 대구 미문화원 폭탄사건 등 정치 사회적 불안 요인이 상존했다.

국회의원을 겸직했던 진의종은 재임 중 학원소요 사태 관련 제적 학생의 복교 조치, 정치 활동 규제자 해금, 학생 및 일반 형사범 1,765명 사면, 복권, 형 집행 정지, 해직 교수 복직 허용 등 정국 완화 조치가 취해졌으나, 이 과정에서 진의종이 정책결정에 깊이 관여하지는 못했던 것으로 알려졌다.

진의종은 취임 다음 해 정기국회 개회 중(1984. 11. 7) 갑작스런 와병으로 현직 총리로서는 처음으로 공무원법상의 병가病暇를 제출하여 부총리인 신병현申秉鉉 경제기획원장관이 3개월간 그 직무를 대행했다. 신병현이 총리 직무를 대항하는 동안 제12대 총선(1985. 2. 12)이 실시되어 국무총리가 실질적으로 공석인 상태에서 선거를 치르는 현상이 나타났다.

18대 노신영

진의종이 병상에서 퇴임하고, 그동안 실시된 총선에서 신당인 신한민주당이 기존의 제1야당인 민한당을 압도하여 돌풍을 일으킨 상황에서 노신영盧信永 안기부장이 국무총리로 옮겨왔다. 노신영은 전두환 정권 아래서 외무장관에 발탁되어 안기부장을 거쳐 총리 자리에 오른 입지전적인 인물이다.

노신영은 취임사에서 "사회 각 분야에 걸쳐 자율과 개방의 정책을 계속 확대해나감으로써 보다 자유롭고 활기찬 분위기가 마련되도록 힘쓰겠다."고 했다. 그러나 강성强性 야당의 출현과 학생, 종교계 등 정부 비판세력의 개헌 요구의 격화로 정국이 긴장 상태에 빠졌다. 광주민주화운동에 대한 재조사 요구가 야당과 학생에 의해 제기되고, 서울 미문화원 학생 점거 농성 사건(1985. 5. 22), 개헌 서명운동, 인천 근로자 사태(1986. 5. 3), 부천경찰서 성고문性拷問 사건(1986. 7. 3), 유성환兪成煥 의원 국시國是 파동(1986. 10. 4), 박종철朴鐘哲 고문치사拷問致死 사건(1987. 1. 14) 등이 이어져 정국 혼미와 사회 혼란이 계속되었다.

노신영은 이 와중에서 1986년 아시안게임을 무사히 치렀고, 중국과의 관계 개선을 추진하는 등 특히 외교 분야에서 그 능력을 발휘했다. 노신영 재임 시는 노태우盧泰愚 민정당 대표와 함께 이른바 '노·노 체제'로 일컬어져, 당시 장세동張世東 안기부장과 함께 3인이 전두환 후계군群으로 정가에서 '설說'이 나돈 일도 있다. 그러나 노신영은 박종철 사건의 진상이 밝혀짐으로써 도의적 책임을 지고 사임했다.

노신영이 사임하고 이한기李漢基가 기용되었다. 이한기는 역대 국무총리(서리) 중에서 유일한 전남 출신이다. 갑작스런 이한기의 기용은 전두환 정부가 시간이 갈수록 정치 사회적으로 긴장이 고조되고, 특히 광주민주화운동을 둘러싼 호남의 인심이 악화되어 호남의 인심을 고려한 인사로 해석된다. 이한기는 서울법대 학장을 지낸 학자 출신으로 전두환 정부 출범 초기에 감사원장을 지낸 것이 인연이 됐다.

이한기는 당시 국회가 공전되어 임명동의안을 처리하지 못해 서리도 직을 마치게 되었다. 당시 이한기는 점증하는 반정부시위 및 시국사태에 대해 온건 대응 자세를 보이다가 사전에 알지 못했던 1987년 6·29 선언과 지병의 악화로 임명된 지 48일 만에 사임했다. 사임하면서 "48일이 48년 같다."고 술회한 것은 재임 시의 심적 고통을 잘 말해주고 있다.

19대 김정렬

6·29 선언 이후 대치 정국이 급변하여 12월 대통령 선거 경쟁 체제로 변하고, 야당에서는 선거 관리를 위한 거국내각 구성을 요구하자 비정치인 원로인 김정렬金貞烈이 전두환 정부의 마지막 총리로 임명되었다. 김정렬은 4·19 당시 국방장관으로 재직하였으나 재판에 회부되지 않은 유일한 자유당 말기 국무위원이다. 김정렬은 전두환 정부가 성립되는 데 군원로軍元老로써 역할을 한 것으로 뒤에 거명되었다. 김정렬은 선거 관리 내각의 책임자로 대통령 선거와 1988년 2월 정부 이양 업무를 무난히 해냈다.

이상에서 볼 수 있듯이 전두환 정부에서 기용된 총리 7명 중 초기 2명은 경제문제 해결을 위한 인사였고, 3명은 호남 인심을 배려한 인사였다고 볼 수 있다. 또 한 가지 눈여겨볼 것은 전두환 정부에서 국무총리 해임을 경제 사회적 사건과 연관시켜 그 도의적 책임을 묻는 형식으로 정형화하여 오늘에 이르는 관례를 만든 것이다. 이것은 정권 운영에 실질적 책임이 없는 국무총리를 정치적으로 희생시키는 것으로 이 문제에 대해서는 "권한 없는 총리가 책임만 진다."는 학자들의 주장을 확인시켜준다고 볼 수 있다.

6. 노태우 정부(제6공화국) : '보통사람' 시대의 학자 총리

1987년 6·29 선언은 제3·4·5공화국의 권위주의시대를 청산하고 정치, 경제, 사회에 걸친 민주화를 촉진함으로써 민주주의 시대를 여는 계기가 되었다. 대통령 직선제, 언론의 자유, 소유와 경영의 분리 노력 등 자율과 참여의 확대를 통해 국민의 기본권 신장에 노력하여 국민 자유화의 분위기를 확대시켜나간 것이 제6공화국의 특징이다.

그러나 자유에 상응하는 책임의 수반이 결여되어 오늘날 한국사회의 무질서와 가치관의 혼란이 잉태되는 계기가 된 것 또한 부인할 수 없다. 제6공화국은 국민 직선제에 의해 대통령이 선출됨으로써 정권 출범의 정통성 시비가 불식되어 국민의 지지를 기반으로 남북대화, 지방자치의 실시 등 통일을 대비하는 한편, 권위주의 체제에서 민주화 체제로의 전환 속에서 이해 당사자 간의 갈등 해소에 노력한 시대였다.

이와 같이 시대 상황에 맞추어 국무총리에는 국민 화해의 차원에서 정치적 색채가 농후하지 않은 학자 출신의 인물을 주로 기용했다. 노태우盧泰愚는 국무총리의 운용도 이러한 사회 분위기에 맞추어 초기에는 일반 정무를 내각에 대폭 위임하여 권한과 책임을 함께 갖도록 노력했다.

노태우 대통령 당선자는 건국 후 최초로 대통령 취임준비위원회(정권 인수반)를 구성하여, 국무총리 내정자(이현재李賢宰)와 비서실장 내정자(홍성철洪性澈)와 함께 초대 내각의 인선을 협의하고 국무총리의 위상과 역할을 강화하기 위해 취임 초부터 주 1회 국무총리를 직접 대면(주례보고)하여 국정을 논하는 기회를 마련하기도 했다. 이 제도는 현재까지도 유지되어 정착된 제도로서 대통령과 국무총리의 거리를 좁히는 제도로 평가되고 있다.

노태우 정부에는 5명의 총리가 기용됐으나 앞에서 지적한 바와 같이 모두 학자 출신이라는 데 그 특징이 있다.

20대 이현재

초대 총리는 서울대학 총장 출신인 이현재李賢宰가 기용됐다. 이현재는 총장 시절 미문화원 농성사건(1985. 5) 관련 학생에 대한 정부의 중징계 지시에 반대하다가 전격적으로 경질된 사실이 있어, 그의 기용은 신선한 이미지와 소탈한 성격으로 '보통사람의 시대'에 어울리는 인사였다. 취임 초 이현재는 대통령과 취임준비위에서의 인연, 주례보고 등으로 노태우를 가까이서 보좌하면서 차관급 인사 등에 영향력을 가지고 실질적으로 행정부를 통할한 것으로 평가된다. 그러나 여소야대 정국에서의 행정부 역할의 한계와 청와대 비서실 기능 강화에 따른 문제점들에 부딪히다가, 5공 청문회와 전두환 전 대통령의 백담사 은둔 생활 시작 등에 따른 정치 분위기 쇄신 차원에서 스스로 사임했다. 이현재 재임 시 역사상 처음으로 한국에서 열린 올림픽을 성공적으로 치른 것은 기록될 만한 일이다.

21대 강영훈

이현재에 이어 임명된 강영훈姜英勳은 군 출신이면서도 학구적인 인물로 그 역량이 인정되어 대학교수와 외교관을 지냈다. 강영훈은 5·16 당시 육군사관학교 교장으로 있으면서 군의 정치개입에 반대하여 미국으로 사실상 추방당해 그곳에서 뒤늦은 공부를 했다.

강영훈은 육사 교장 시절 생도였던 노태우와의 인연으로 전국구 의원으로 정계에 입문한 뒤 의원총회 등에서 소신 있는 발언으로 강직한 면모가 부각된 인물이기도 하다. 강영훈은 총리에 취임하자마자 "모든 것은 법대로 하라."는 원칙을 세우고 실질적으로 행정부를 장악해나갔다. 이 과정에서 청와대 비서실과의 마찰도 있었으나 강직한 성격으로 이를 극복했고, 여당과의 관계에서도 독자성을 유지하려고 노력했다. 김영삼金泳三 당시 민자당 대표위원과 당정회의에서 서로 얼굴을 붉히며 자기주장을 굽히지 않아 회의가 중단된 경우도 있었다.

강영훈은 만 2년이라는 비교적 오랜 기간 재직하였지만 남북고위회담 중 비밀에 부쳐졌던 평양에서의 일정이 알려지면서 사임하게 됐다.

22대 노재봉

다음으로 임명된 노재봉盧在鳳 총리는 정치학자 출신으로 1988년 노태우의 정치특보로 발탁된 후 청와대 비서실장을 거쳐 2년 만에 국무총리에 임명되었다. 노재봉은 청와대 비서실장 출신이 직접 총리로 보직되는 첫 케이스였기 때문에 정치권과 국민의 주목을 받았으며, 이러한 맥락에서 언론에서는 노재봉 내각을 '친위親衛실무내각'으로 명명하기도 했다.

노재봉은 정치학자 출신답게 총리의 위상과 내각의 기능에 대해서도 나름대로 정의를 내려 "총리는 대통령의 권한을 위임받아 정부행정을 총괄하는 중간관리자이며, 내각은 대통령의 통치노선과 지침에 따라 전면에 나서서 행정을 펴나가야 하고 분명히 책임을 져야 한다."고 내각의 적극적 역할 수행을 강조했다.

따라서 초기에는 청와대 수석비서관들도 경우에 따라서는 총리에게 보고를 해야 한다는 소신에 따라 가끔 총리실에 부르기도 했다. 하루에도 몇 건씩 각 부처에 지시를 내려보내는 적극성을 보이며 행정 및 교육 개혁, 세제 개편 등 개혁을 착수하려 했으나, 강경대姜慶大 사망 사건 이후 재야 세력의 대여對與 공세 강화와 언론(TV)에 비친 노재봉의 언동에 대한 여권 내의 부정적 반응 등으로 사직하게 되었다. 특히 김영삼 민자당 대표위원이 앞장서 노재봉의 경질을 주장했다.

23대 정원식

노재봉 후임으로 임명된 정원식鄭元植 총리는 문교부장관 재임 시 전교조全敎組 문제에 대한 원칙적 대처와 원만한 인품이 평가되어, 대통령 특사로 아프리카를 순방 중에 발령을 받았다. 정원식 역시 대학교수 출신으로 강경대姜慶大 사망 사건 이후 빈발하는 학원소요 문제를 해결하고자 노력하던 중, 한국외국어대학교 학생들로부터 폭행을 당하는 사건(1991. 6. 3)이 발생했다. 이 사건으로 격화된 재야와 학생운동권에 대해 정부가 반격할 수 있는 빌미를 잡았으나 본인에게는 치명적인 상처가 되었다. 정원식은 재임 중 남북고위급회담에서 〈남북 사이의 화해와 불가침 및 교류협력에 관한 기본합의서〉를 체결(1991. 12. 12)하는 데 중심적 역할을 하였다.

정원식은 전임 노재봉과 같이 적극적으로 대통령을 보좌하면서 총리직을 수행하려 했으나 1992년 대통령 선거를 앞두고 14대 총선 중 한준수韓峻洙 연기군수의 '관권官權 부정사례' 폭로 사건으로 여·야가 선거 중립 내각 구성을 요구함에 따라 사표를 제출했다.

24대 현승종

노태우 정부의 마지막 총리는 역시 학자 출신의 현승종玄勝鍾 총리로, 노태우의 삼고초려三顧草廬에 의해 총리직 임명을 수락했다. 노태우가 탈당하는 등 이례적인 상황 아래서 현승종은 선거 중립 내각을 구성하여 14대 대통령 선거를 무난히 치러 한국 선거사상 최초로 공무원들이 공적으로는 선거에 개입하지 않는 사례를 만들어 나가기 시작했다.

이상에서 살펴본 것처럼 노태우 정부에서는 모두 5명의 총리가 등장했으나 모두가 학자 출신이라는 점이 특징이다. 이는 노태우에 대해 재야에서는 군정軍政의 연장이라는 일부 비난이 있었고, 시대 상황이 민주화가 시작되는 시점이기 때문에 온후한 이미지가 풍기는 학계 출신을 주로 기용했다고 해석된다.

또한 노태우 정부에서는 국무총리의 위상과 활동 영역이 과거 어느 정부에서보다 격상格上 또는 자유스러운 분위기였다고 평가된다. 그 예로 초대 이현재는 정부 고위직 인사에도 어느 정도 깊숙이 간여(천거)한 것으로 알려졌으며, 노재봉 역시 총리의 행정부 통할 역할을 비교적 활성화시켰다.

시대 상황이 민주화와 북방외교 그리고 남북대화가 추진된 시점이기 때문에 총리의 역할이 남북고위급회담에서 부각되기도 했다. 강영훈과 정원식 등이 여기에 속하는 총리로 평가될 수 있다.

7. 김영삼 정부 : 문민정부의 단임短任 총리

한국 현대사에서 김영삼金泳三 정부의 등장은 여러 가지 의미가 있다. 5·16 이후 30여 년간 지속된 군사정권의 맥이 끊기고 새로운 세력에 의해 정권의 핵이 구성됨으로써 과거가 부정되고 정치적 격동이 계속된 기간이기도 했다. 과거 정부들이 군과 관료 엘리트 중심으로 경제개발을 이룩하면서 그 정당성을 확보해 왔으나, 김영삼 정부는 문민정부의 기치를 내걸고 과거 정부와 차별화를 추구해나갔다.

그 예로 김영삼 정부는 상해上海 임시정부의 존재를 부각시켜 정부의 정통성 확보에 노력하면서 '역사 바로 세우기' 일환으로 임시정부 요인들의 유해遺骸 송환과 일본 잔재殘在 일소一掃 작업을 추진하는 한편, 군 출신 전직 대통령의 사법 처리와 군의 사조직 해체 등 기존의 세력을 완전히 와해 또는 약화시켰다. 이와 더불어 금융실명제, 토지실명제 실시와 국제화에 따른 사회 경제 체계의 재편으로 기존 체제를 개편하여 정치·사회·경제·문화 등 모든 분야에 걸쳐 개혁을 추진했다.

이러한 일련의 개혁과 개편이 주도면밀한 계획과 준비 없이 즉흥적으로 실시되어 많은 시행착오를 겪으면서 이에 따른 부작용을 효과적으로 수렴하지 못한 것도 사실이다. 부작용을 효과적으로 수렴하지 못한 큰 요인은 정권 주체 세력들의 경험 부족과 전시효과를 위한 즉흥적 결단, 그리고 이른바 과거 경제개발을 주도한 세력과 30여 년간 소외되었던 이른바 민주화 세력 간의 화학적 결합이 없었던 데서 찾을 수 있다.

따라서 정부 주도 세력의 이중구조와 가신家臣 그룹을 중심으로 한 지역적 편중 인사 등이 문제점으로 부각되어 1997년 초에 불거진 한보韓寶 사태가 일어나기도 하였다. 이러한 정치적 미숙과 새로운 주도 세력의 등장에서 빚어진 정치 사회적 갈등이 결과적으로 안보安保 불안과 경기 침체로 나타났고, 급기야는 정권 말기에 IMF시대를 초래하여 국가를 위기에 몰아넣고 말았다.

이러한 정치 사회적 분위기 속에서 김영삼의 국무총리 운용방식은 박정희 대통령과 전두환 대통령을 혼합한 강력한 대통령제하의 국무총리로서 고도의 정치적 고려와 국면전환 차원에서 이루어졌기 때문에 그 재임 기간이 짧고 행동반경이 제한적일 수밖에 없었다.

박정희가 백두진에서 김종필로, 다음에는 최규하로 이어지는 일련의 인사를 한 것과 황인성에서 이회창으로, 그리고 이영덕으로 이어지는 인사의 맥은 그 성격이 비슷하다고 볼 수 있다. 전두환이 사건 사고나 국면전환이 필요한 때 총리를 경질한 것과 이영덕, 이홍구를 경질한 배경이 비슷하다. 김영삼은 재임 5년 동안에 6명의 총리를 경질하여 서리署理를 제외한 정식 총리로서는 역대 대통령 중 총리를 가장 많이 바꾼 대통령이다.

25대 황인성

초대 총리로 기용된 황인성黃寅性은 군 출신이지만 입지전적인 인물이다. 제3공화국 시절부터 계속 고위직과 국회의원을 번갈아 하면서 모나지 않은 처세로 당시 여권 내 민정계民正系를 포용하고 있었다. 또 이미 내정된 청와대 비서실장, 안기부장, 부총리 등이 영남 출신이어서 지역 안배 차원에서 호남 출신인 그를 기용한 것으로 알려졌다. 황인성은 육군 소장 출신으로 1970년 관계官界에 들어와 과거 후배이자 부하였던 이병옥李炳玉 무임소장관 밑에서 그 보좌관으로 묵묵히 일하다가, 김종필 총리에 의해 비서실장으로 공개 발탁된 후 화려한 경력을 쌓기 시작했다.

총리 취임 이후 '주부主婦 총리론'을 주장하여 꼼꼼히 국정을 챙겼으나, 그는 개혁을 추진하는 와중에서 권력 실세들로부터 "개혁 의지가 없다."는 지적을 받았다. 이는 정권 출범 초기에 취임한 총리로서 과거 제5공화국 출범 당시 남덕우 총리가 신군부新軍部로부터 받은 지적과 비슷한 내용으로 여기서도 역사가 반복됨을 엿볼 수 있다.

황인성은 정기국회 답변에서 "제5공화국 출범 과정이 법적으로는 불법이 아니다."라는 발언으로 물의를 일으켰고, 우루과이라운드(UR)가 타결됨으로써 정부의 쌀 수입이 불가피해지자 김영삼 대통령이 선거공약에서 "쌀 수입은 직을 걸고 막겠다."고 공언했던 것이 농민들에 대한 부담으로 작용해 국면전환의 일환으로 할 수 없이 사임하고 말았다.

26대 이회창

황인성 후임으로 임명된 이회창李會昌은 임명되기 전까지 감사원장으로 재직하면서 공직 사회 부조리 척결剔抉 등 개혁 드라이브의 선두에서 강력한 이미지를 심은 인물이다. 이회창은 법조인 출신답게 취임하자마자 6법 전서를 앞에 놓고 "모든 것은 법대로 한다."는 기본 입장에서 문제를 처리하려 했다고 전해진다. 이러한 기본 입장을 견지하는 과정에서 행정부의 장악과 행정 통할은 역대 어느 총리 못지않게 성공적이었으나, 청와대와 다른 권력기관과의 관계에서 매끄럽지 못한 분위기가 조성된 것으로 알려졌다. 특히 이회창은 10·26 사건 재판 때 소수의견을 제시했고, 중앙선거관리위원장직을 스스로 사임하여 '대쪽 성격'으로 평판이 난 인물이라서 그의 총리직 수행에 세인의 관심을 끈 것이 사실이다.

이회창은 총리 역할을 헌법과 정부조직법 등 관계 법률에 따라 수행한다는 기본 입장이었기 때문에 법과 제도의 실제 운영 사이에서 생기는 괴리乖離를 극복하지 못한 것이 그를 단명(4개월) 총리로 만들었다. 이는 국무총리 제도에 대한 문제점들을 환기시키기도 했다. 이회창은 대북관계와 관련, 정부 내에 설치된 통일안보정책조정회의 내용이 총리를 거치지 않고 대통령에 보고되는 사례에 불만을 토로하고 법적인 논리를 편 것이 직접적인 퇴임의 원인이 됐다고 당시 언론은 보도했다.[16)]

이회창은 이 밖에도 재임 중 관변 단체에 대한 정부 지원 중단 조치, 안가安家를 둘러싼 안기부와의 마찰, UR 이행계획서 수정과 관련한 국무총리의 사과담화문 발표를 둘러싼 청와대와의 신경전 등이 복합적으로 작용하여 역대 총리 중 본인의 사표가 청와대에 도착하기도 전에 후임 총리가 발표되는 전격인사電擊人事의 사례를 남기기도 했다.

이회창의 퇴임 과정에서 한 가지 간과할 수 없는 사실은 김영삼 대통령이 중국과 일본을 방문했을 때 이회창이 국방부와 일선 부대를 시찰하고 지휘관으로부터 정식보고를 받은 사실을 청와대 비서진과 여권與圈 일각에서 곱지 않게 보았다는 점이다. 국무총리가 사전 양해 없이 국방부를 방문하거나 일선 부대를 시찰하는 것은 박정희 대통령 당시 정일권 국무총리나 김종필 총리 같은 군

---

16) ≪조선일보≫, 1994. 4. 24.

출신 총리에게도 하나의 금기 사항이었고, 그 후 역대 총리들도 이 부분에 대해선 청와대의 사전 허가 없이는 감히 생각지 못했다. 이러한 일들은 제도와 현실 사이에 괴리현상으로 국무총리의 역할을 제약시키는 요소이기도 하다.

이회창의 갑작스런 퇴임과 관련, 여당인 민자당에서는 이회창의 행적에 대해 불만을 표하면서 그는 사임한 것이 아니고 김영삼 대통령에 의해 경질更迭된 점을 강조했으며, 야당에서는 이회창에게 동정적인 견해를 표시하는 보기 드문 현상이 일어났고, 언론에서는 총리 제도에 대한 재검토와 존폐 여부를 부각시키기도 했다.

이회창 후임에는 그 이미지가 이회창과는 정반대인 이영덕李榮德 부총리 겸 통일원장관이 승진됐다. 이영덕은 학자 출신으로 대한적십자사 부총재 당시 남북적십자회담 대표로 활약하면서 국민들에게 온화한 인품으로 각인(화합 총리)되어 전임 이회창과는 대조

27대 이영덕

적인 이미지를 가지고 있었다. 정치적 해석에서는 강성 이미지 총리에서 온유한 이미지 총리로 바뀜으로써 강약의 순환논리를 적용한 것으로 풀이됐으나, 야당에서는 이영덕의 연령과 과거 행적으로 보아 정부의 개혁 의지가 종점에 이른 것이라는 평을 하기도

했다. 야당에서는 이회창의 사임과정과 신임 이영덕에 대한 평가 유보로 국회 임명동의안 처리를 지연시켜 일주일간 국무총리 자리가 공백 상태가 되기도 했다.

이영덕 재임 시에는 정부가 남북대화를 적극적으로 추진하여 1994년 7월 25일부터 27일까지 평양에서 남북정상회담을 개최하기로 합의했었다. 그러나 남북정상회담을 2주일여 남겨두고 김일성金日成이 갑자기 사망함으로써 남북정상회담은 무산되고 남북관계는 다시 소강상태로 들어갔다.

이영덕 재임 시에도 각종 사건 사고가 이어져 성수대교 붕괴, 서울 마포 도시가스 저장탱크 폭발, 충주호 관광선 화재 등이 발생했고, 세무 공무원 부정 사건과 12·12 쿠데타적 사건에 대한 정치권의 공방 등 어수선한 가운데 이영덕은 취임 8개월 만에 퇴임했다.

28대 이홍구

이영덕 후임으로 임명된 이홍구李洪九 역시 통일원장관에서 총리로 승진됐다. 이홍구도 서울대 교수 출신으로 노태우 대통령 당시 영국대사로 관계에 들어와 그 후 정치담당특보로 일했고, 김영삼 대통령에 의해 통일원장관으로 기용된 지 1년 만에 다시 총리로 영전을 했다.

이홍구는 해박한 지식과 부드러운 처신으로 주위에 적을 만들지 않는다는 평을 받은 인물이다. 그는 총리에 취임한 뒤 사람이 모이는 곳에는 부지런히 찾아다녀 그의 이론을 전파했고, 취임 100일 만에 10여 차례나 외국 기자들을 만나 '세계화'를 설명할 정도로 이론가이기도 하였다.

이홍구는 총리의 역할에 대해 '그림자 총리론' 등 나름대로의 논리를 펴가면서 행보를 조정했다. 즉, 그는 '아래를 향한 총리'와 '위를 향한 총리'론을 주장했다. 아래로 보면 내각의 대표로 각 부처 장관들이 일을 능률적으로 하도록 가장 직접적으로 도와주는 것이 총리이고, 위로는 대통령이 모든 일을 종합적으로 원활하게 처리할 수 있도록 도와주고 직접 챙기지 못하는 것을 보완하는 임무를 맡는 것이 총리라면서 그래서 총리 주변에는 독자적인 뉴스거리가 없다고 했다.

이홍구는 특히 정치적인 문제에는 가급적 불개입원칙을 지키려 노력했으나 삼풍三豊백화점 붕괴에다가 4대 지방자치제 실시, 전두환·노태우 전직 대통령의 뇌물수수 및 군사반란혐의 구속 등 엄청난 정치 사회적 사건이 발생하는 와중에서 취임 1년 만에 직을 사임했다.

이홍구 후임에는 역시 서울대학 교수 출신인 이수성李壽成이 발탁되었다. 김영삼 정부에서는 이상하게도 이회창 총리 이후 연이어 서울대 출신의 이李씨 성姓을 가진 사람이 4명이나 총리로 기용되었다.

29대 이수성

이수성은 '서민총리'를 자처하면서 국민의 목소리를 직접 들으러 현장을 다녔고 개인적으로도 격을 따지지 않고 관혼상제冠婚喪祭에 참석하여 특유의 친화력과 소탈한 성품으로 인간관계를 맺었다. 이수성은 행정에서도 일선 공무원들에게 직접 전화를 걸어 격려하는 등 파격적인 스타일로 일을 처리하여, 소리 없이 내각을 장악하고 소리 없이 조정력을 발휘했다는 평을 받았다. 이수성은 중요 현안이 있으면 청와대 수석비서관이나 관계장관들을 불러 설명을 듣고 절충해나가는 스타일이었다. 재임 중에 있었던 노동법 개정이나 물관리 문제에 적극적인 자세를 보여 무난히 이를 처리한 것은 평가받고 있다.

그러나 이수성은 96년 말경부터 터져나온 92년 대통령 선거자금 문제와 한보韓寶 사태에 정치적 책임을 지고 물러날 수밖에 없었다. 그의 퇴임은 '예견된 일'로서 국회 대정부질문 답변 과정에서 퇴임 인사를 하고 여·야 국회의원들로부터 박수를 받는 이례적인 일도 있었다.

이수성 후임에는 정통 내무관료 출신인 고건高建 당시 명지대 총장이 임명되었다. 고건은 30대에 도지사를 시작으로 박정희 대통령 때부터 역대 정부에서 교통·농수산·내무장관과 서울시장을 지낸

30대 고건

직업관료 출신이다. 김영삼 대통령이 한보 사태와 차남 김현철金賢哲 문제로 어려운 처지에 처한 입장에서 국무총리 발탁 문제는 관심을 끌었으나, 행정 경험이 있는 고건의 발탁은 임기만료를 앞두고 안정적으로 행정부를 관리하려는 김영삼의 의도가 반영된 것으로 풀이됐다. 고건은 대통령 선거 과정에서 김영삼의 자문 그룹인 이른바 '동숭동팀'의 일원으로 활약하기도 했다.

고건을 임명하면서 본인은 물론 청와대에서도 앞으로의 행정은 총리실에 많은 무게를 실어줄 것이라는 시사적 발언이 있어 큰 관심을 끌었으나, 역대 국무총리 역할과 비교할 때 눈에 띄는 변화를 보이지는 못하였다. 김영삼 정권의 마지막 개각(1997. 8. 5)에서도 총리의 경질 문제가 거론되었고 개각 과정에서 총리가 적극적으로 개입하지 못했다.

고건은 1998년 2월 25일 '국민의 정부'가 출범하는 과정에서 김대중 대통령이 국무총리 내정자로 지명한 김종필의 국회 임명동의안 처리가 늦어져 국무총리의 제청을 받아 임명키로 된 국무위원 임명의 법적 요건을 갖추기 위해 일주일간 총리직을 유지하면서 새 정권의 국무위원 제청권을 행사하고 퇴임하는 특이한 역할을 하기도 했다.

8. 김대중 정부 : 공동정부 운영과 총리제의 시련

국민의 정부 국무총리는 역대 어느 정부의 국무총리와도 그 성격이 다르다. 우선 정권 창출 과정에서 서로 다른 두 정당이 정치적 협약으로 대통령과 국무총리 후보자를 내정해놓고 공동 노력했기 때문이다.

따라서 국민의 정부에서는 출범 초기 국무총리 임명을 둘러싼 정가政街의 긴장이나 화제가 있을 수 없었다. 1997년 대선大選을 1개월 반 정도 남겨둔 시점에서 당시 새정치국민회의와 자유민주연합에서는 야권 후보 단일화 협상을 통해 대통령 후보는 김대중金大中 국민회의총재가 맡고 승리할 경우 국무총리는 김종필金鍾泌 자민련 총재를 임명하기로 합의가 됐었으나, 특정인을 미리 총리로 내정해놓고 선거를 치르는 것은 정치적 야합野合이라는 오해를 받을 소지가 있다는 지적에 따라 발표문에서는 '공동정부의 국무총리는 자유민주연합에서 맡기로 한다.'고만 했다.

이 협약에 따라 김대중은 제15대 대통령 취임식(1998. 2. 25)이 끝난 직후 김종필 자민련 명예총재를 국무총리로 지명해 국회에 임명동의안을 제출했으나 한나라당의 끈질긴 반대로 김종필 총리 임명동의안의 국회 처리는 곡절을 겪기 시작했다.

원내 다수당이며 야당인 한나라당은 당일 의원총회를 소집하여 대선大選 과정에서 내걸었던 '3김金 청산'의 당사자를 국무총리로 동의해줄 수 없다는 등의 정치적 이유를 내세워 김종필의 총리 인준을 거부키로 했다.

이어 며칠간 여·야 간의 절충 끝에 1998년 3월 2일 국회에 등원한 한나라당이 투표 과정에서 백지 투표를 한다고 여당측이 이의를 제기하는 바람에 투표가 중단(재적 295명 중 201명 투표)되고 투표함이 보전되는 사태가 발생했다. 따라서 국민의 정부는 출범 초기 1주일간 새 대통령은 있되 새 정부는 없는 상태를 겪었다.

31대 김종필

이 같은 상황하에서 김대중은 이튿날(3. 3) 김종필을 국무총리서리로 임명하자 한나라당에서는 '서리 임명'에 대한 법적 시비를 걸어 3월 10일 헌법재판소에 총리서리 임명에 대한 권한쟁의 심판과 임명행위 효력정지 및 직무정지 가처분신청서를 제출함으로써 국무총리서리 임명이 건국 후 최초로 법적 시비의 대상이 되었다.

이 같은 와중에서 김종필은 3월 4일 국무총리 자리를 떠난 지 22년 9개월 만에 다시 '서리'로 돌아와 "위로는 대통령이 국정최고 책임자로서 소신껏 나라를 이끌어가도록 보좌하고 밑으로는 장관들이 스스로 최선을 다할 수 있도록 뒷받침하고 필요하면 조정해 주는 것"이라고 앞으로의 역할을 정립하고 5개월 이상의 '서리'를 거쳐 1년 10개월 동안 두 번째 총리직을 수행했다. 서리 재임 기간은 백두진(4대, 6개월) 다음 두 번째로 길다.

국민의 정부에 들어와 국정운영의 특징은 김대중 대통령이 적극적으로 나서 정책결정을 하는 국무회의, 경제대책조정회의 등 주요회의를 직접 주재하고 총리의 주례보고에도 이례적으로 대통령 비서실장을 배석시킴으로써, 국무총리의 역할은 눈에 띄지 않고 배석총리, 외유총리라는 지적이 나오기도 했다. 물론 국가의 경제상황이 IMF 관리 체제라는 특수성과 총리가 '서리'라는 현실이 감안되지 않을 수는 없다고 본다.

그러나 김종필은 임명동의안이 국회에서 가결되자(1998. 8. 17), 앞서 지적한 협약에 따라 공동정부운영협의회를 구성하는 대신 국무총리를 의원장으로 하는 양당국정협의회를 구성하여 정치, 행정 등 현안문제를 주도적으로 협의 결정했다.

총리공관에서 수시로 열리는 이 회의에는 양당 대표, 수석 부총재, 당 3역(사무총장, 원내총무, 정책위의장)과 대통령 비서실장이 참석하고 대변인이 배석하는 비중 있는 정치회의였다.

따라서 국민의 정부 초기의 총리 역할은 과거 어느 정부의 국무총리보다 정치적 역할이 컸다고 볼 수 있다. 김종필 총리 재임 시 이종찬李種贊, 천용택千容宅 등 국가정보원장(전 안전기획부장)이 한 달에 2회씩 총리실을 방문하여 보고하는 등 과거에 볼 수 없었던 사례도 있었다.

그러다가 협약에 명시된 정권 출범 후 1년 내 내각제 개헌 약속이 지켜지지 않자, 자민련 내에서는 내홍內訌이 일기 시작했고 김종필의 입장은 위축되기 시작했다. 내각제 개헌 약속 파기에 대해 김종필은 후에 "국가와 민족을 위해 양보했다."고 하였으며, "DJ에게 속았다."17)고 술회했다.

김종필은 두 번째 총리 재임 기간 경제 회복을 위한 각종 규제 개혁(목표의 50%), 한일외교를 비롯한 중동·아프리카 외교 등 실무적인 면에서도 치적을 쌓았다고 평가되고 있다.

대망의 21세기에 들어오면서 김종필은 또다시 정치의 장場으로 복귀하기 위해 총리직을 박태준朴泰俊 자민련 총재에게 넘기고 자민련 명예총재로 취임하여 제16대 총선(2000. 4. 13)을 실제로 지휘했다.

김대중 대통령은 1월 11일 국무회의에서 김종필의 이임에 대해 "김 총리가 더 이상 기대할 수 없을 정도로 협조해줬다. 정치가 중요한 때 김 총리가 시의적절하게 정치 일선에 나가 지휘하게 됐다."고 평가했다.

32대 박태준

후임 총리로 일찍이(1. 7) 내정된 박태준은 대통령 선거를 앞두고 1997년 9월 도쿄에서 김대중과 만나 DJP연합에 합류한 인물로 김영삼과 정치적 갈등 때문에 한동안 불운했으나 포항제철을 건설한 철인鐵人으로 '경제 총리'라는 기대를 안고 취임했다.

김종필과 박태준은 총리직 인수인계 조찬(1. 9 총리공관)을 하면서

17) ≪월간조선≫, 2005년 8월호, p.139.

"앞으로 총리가 되면 고통이 많을 거다. 자주 참아야 한다. 알고도 모르는 척, 모르고도 아는 척해야 한다. 그저 묵묵히 대통령을 보좌해야 한다."는 김종필의 충고에 "총리가 되면 행정인으로서 하나하나 책임지고 챙겨나갈 것"이라고 다짐했다.

박태준은 국무조정실장(최재욱崔在旭)과 비서실장(조영장趙榮藏) 등 보좌진을 자기 측근으로 구성하는 등 의욕을 보였으나, 취임 4개월 만에 부동산 명의신탁, 재산 은닉, 가족 재산 증식 의혹 등 도덕성 문제가 제기되어 갑자기 퇴진했다.

국무총리가 재임 중 도덕성 문제로 퇴임하기는 처음 있는 일로써 박태준의 퇴임은 표면적 이유보다도 당시 김대중 대통령이 역점을 두고 추진하던 햇볕정책에 대해 사석에서 불만을 표출한 것이 문제가 됐다는 설도 있었다.

33대 이한동

박태준의 갑작스런 퇴진에 따라 이한동李漢東 자민련 총재 권한대행이 공동정부 세 번째 총리가 됐다. 이한동의 총리 지명은 16대 총선 과정에서 벌어졌던 국민회의와 자민련 간의 관계 복원 신호로 평가되었다. 총리 지명이 발표되던 날(5. 20) 아침, 한광옥韓光玉 대통령 비서실장이 김종필을 방문하여 양당 관계 복원의 뜻을 전달했으며, 총리에 지명된 이한동은 "범정부적인 역량을 결집하여 남북정상회담을 완벽하게 뒷받침하고 경제구조조정을 빨리 끝내고 국가경쟁력을 높이는 데 온 힘을 다하겠다."는 소감을 피력했다.

이한동의 총리 지명에 전후하여 두 가지 새로운 정치적 문제가 생겼다. 하나는 양당 관계 복원에 대해 자민련 내의 반발로 사무총장(강창희姜昌熙)이 사표를 냈고, 또 하나는 국회의 국무총리 임명동의에 앞서 지명자에 대한 인사청문회 제도가 생긴 것이다.

당시 국회에서는 헌법상 국회의 임명동의를 받는 인사(대법원장, 국무총리, 감사원장, 헌법재판소장, 대법관)와 국회에서 선출하는 헌법재판관과, 중앙선거관리위원 등 23명에 대한 인사청문회를 거치도록 국회법 개정을 준비하는 과정에서, 총리에 대한 인사청문회를 사상 처음으로 하도록 여·야 간에 정치적 합의를 했다.

세계에서 미국 다음으로 실시하는 국회의 인사청문회를 거치는 과정에서 이한동은 한나라당을 탈당, 자민련에 입당하여 총리에 지명되는 정치적 역정에 대해 집중적 공격을 받고 시종 "죄송하다."는 답변을 했다.

이한동은 첫 국무회의에서 "신명을 바쳐 나라와 대통령에게 충성하겠다."는 소신을 밝히고, 그로부터 약 2년 2개월 동안 총리직을 수행하여 비교적 장수 총리 대열에 올랐다.

그는 자민련 총재 자격으로 여당공조(민주당, 자민련) 파기를 선언했으나(2000. 2. 24), 그 후 김대중 민주당 총재와 김종필 자민련 명예총재가 다시 공조 복원을 선언했고(2001. 1. 8), 그 직후 자민련은 스스로 교섭단체를 해체했다(2001. 9). 이어 이한동은 자민련에서 제명당하고(2001. 9. 7), 김대중 대통령은 민주당 총재직을 사퇴했다(2001. 11. 8). 이러한 정치적 곡절을 겪으면서도 이한동은 끈질기게 총리직을 고수했다.

이한동은 총리 재임 기간 동안 공직부패방지 노력, 월드컵 경기, 노사문제 대처 등 총리로서의 역할을 평가받았으나, 북한의 서해 NLL(북방한계선) 침범 교전(2002. 6. 29), 김대중 대통령 차남 구속(2002. 7. 10) 등 일련의 사건으로 중립내각 구성을 요청하는 야당의 주장에 끝내 퇴진하고 말았다.

이한동은 "대통령에게 중립내각 구성을 위한 선택의 폭을 넓혀 주기 위해 사퇴했다. 이제 정치의 세계로 돌아가 그동안 소중하게 간직했던 꿈을 실현시키겠다."는 변을 발표하고 떠나면서 후임 장상張裳이 '서리'로 지명되기 때문에 당일 아침(2002. 7. 11) 개각 과정에서 후임 국무위원을 제청하는 절차를 밟기도 했다. 이한동은 그 후 16대 대통령 선거에 출마했으나 참패했다.

이한동이 물러난 뒤 1950년대 초 국무총리 임명을 둘러싼 대통령과 국회 사이의 기氣싸움이 50년 만에 되살아나 국무총리 수난시대가 오게 된다.

한국역사상 최초로 여성 총리서리로 임명(7. 11)된 장상은 "갑작스런 소식에 놀랐지만 중립내각을 이끌고 연말 대통령 선거를 공정하게 관리하라는 천명天命으로 받아들이겠다."고 나섰다. 그러나 인사청문회법에 따라 열린 최초의 청문회에서 장남의 국적문제, 본인의 학력 시비, 부동산 투기 의혹 등이 제기되어 결국 국회의 임명동의를 받지 못하고 말았다.

장상이 퇴임(7. 31)하고 정부는 국무총리 직무대행을 임명하지 않아 이후 장대환張大煥이 국무총리서리로 임명(8. 9)될 때까지 또 총리직이 공백상태가 됐다.

김종필의 첫 번째 총리(1971) 취임 이후 최연소(50세) 총리서리에 임명된 장대환은 언론경영인으로서 "21세기는 여성과 젊은이의 시대이니 젊은 사람이 국정을 잘 이끌어달라."는 김대중 대통령의 부탁을 받고 나섰다. 그러나 역시 국회 인사청문회의 벽을 넘지 못하고 좌절하고 말았다. 재산 형성 과정, 자녀의 위장전입, 재산 신고 누락 등이 지적되어 국회 임명동의에 실패했다.

이로써 장상에 이어 연속으로 국무총리 임명동의안이 부결된 것은 1952년 10월, 11월 이윤영李允榮, 이갑성李甲成에 이어 50년 만에 처음 있는 일로, 장상은 임명동의 부결 7번째(김도연, 이윤영(3번), 이갑성, 백낙준), 장대환은 8번째를 기록했다.

국회 연속 부결의 충격 속에서 김대중은 법조계 출신의 김석수金碩洙를 내세워 국회동의를 받아냈다. 김석수는 중앙선거관리위원장 시절 일처리가 인정되어 선거 관리 내각의 수장으로서 국민의 정부 마무리 작업에 기여했다고 볼 수 있다.

34대 김석수

역시 청문회 과정에서 사외社外 이사 경력, 아들 병역문제가 제기되었으나 큰 문제없이 넘어갔고, 아시안게임, 정기국회, 대통령선거 등 바쁜 일정을 무난히 소화해냈다.

이상으로 공동정부인 국민의 정부 국무총리 운영에 대해 살펴본 결과, 국민의 정부 초기 국민회의와 자민련이 공조할 때(김종필 총리 재임 시)는 국무총리의 역할이 내각 구성에 있어 일정 부분(5, 6석)을 추천하고 정치적 역할을 어느 정도 했으나, 공조가 파괴된 이후(2002. 7 이한동 내각)부터는 정부 내에서 자민련의 역할과 몫이 전무하게 되어 모든 국정운영이 종래와 같이 대통령 중심으로 진행되었음을 알 수 있다.

9. 노무현 정부 : 국정운영 분권시도의 허와 실

국민의 정부에서 김대중 대통령의 햇볕정책, 월드컵 4강 진출, 주한미군에 의한 여중생 사망 사건 등은 해방 이후 고착되어온 남북대결 체제와 기존질서 및 가치에 대한 젊은층의 회의와 도전을 불러일으켰다. 특히 제16대 대통령 선거를 앞두고 팽배해진 이 같은 사회 분위기는 선거에 영향을 미쳐 개혁을 내세우며 기존 질서에 도전한 노무현盧武鉉을 대통령으로 당선시켰다.

이 같은 사회 분위기에 편승한 노무현 대통령 당선자는 스스로 개혁의 전도사임을 자처하면서 새 정부의 총리는 경륜이 있고 안정감을 주는 인물을 내세워 개혁과 안정을 조화해나가겠다는 입장을 밝혔다.

35대 고건

대통령 당선자의 이 같은 인사 기준에서 선택된 후보자는 고건高建 전 서울시장이었다. 고건은 행정 관료 출신으로 역대 정부에서 현직顯職을 두루 거친 인물로 맡은 일에 무리하지 않고 안정감을 주는 행정인이었다.

국회 인사청문회에서 현직에 있으면서 정치적 사건이 있을 때의 처신을 둘러싸고 문제가 제기되었으나, 임명동의안이 가결된 후 고건은 "참여정부가 안정 속의 개혁을 이뤄나가는 가운데 당면한 국정과제를 차질 없이 수행하는 데 혼신의 노력을 다할 것"이라고 다짐하면서 문민정부의 마지막 총리로 자리를 떠난 지 5년 만에 다시 두 번째 국무총리직을 맡았다. 헌정사상 두 번 국무총리직을 맡은 네 번째(장면, 백두진, 김종필, 고건) 인물이지만 총리직에 되돌아온 기간은 가장 짧다.

고건은 취임 후 특유의 행정 감각으로 조용히 업무를 처리하면서 노무현 대통령의 재신임 발언, 민주당 탈당, 총리 비서실장의 현장 구속 등 정치적 파랑波浪을 비켜갔지만, 취임 1년 남짓한 2004년 3월 12일 헌정사상 초유의 사건인 대통령 탄핵소추가 국회에서 가결되어 당일부터 2004년 5월 14일 헌법재판소에서 기각될 때까지 63일간 대통령권한대행을 한 초유의 국무총리가 되었다.

이 기간에 고건은 제17대 국회의원 총선(4. 15), 북한 용천역 폭발 사고(4. 22), 한국군 이라크 파병 등의 문제를 무난히 대처하여 국민들에게 그의 안정적 이미지를 더욱 각인시켰다.

총리직 재수생인 고건은 시대의 변화를 의식한 탓인지, 참모진과의 독대獨對는 일절 허용하지 않은 것은 물론, 심지어 비서실장과도 독대를 삼갔다. 또한 모든 보고사항은 구두 대신 문서로 근거를 남기는 일처리를 하는 것이 화제가 되기도 했다.

노무현 대통령의 탄핵소추가 기각되던 날 밤 고건은 "대통령께서 큰 강을 건너셨으니 말을 바꿔 타는 게 순리라 생각한다."고 사의를 표명하여 노무현 대통령은 이를 수락했다.

총리직을 떠난 고건은 조용히 정치 활동을 벌여 17대 대통령 후보로 유력하게 부상했으나, 2006년 말 노무현 대통령이 고건에 대해 "총리 기용은 결과적으로 실패한 인사"라고 공개적으로 비난하자 고건은 "그런 말은 자가당착이자 자기부정"이라고 맞서 현직 대통령과 전직 총리 사이에 공방이 오가는 이상한 사태가 있은 지 20여 일 후에 정계를 은퇴했다.

36대 이해찬

이른바 탄핵정국을 넘긴 노무현 대통령은 2기 내각에서 총리에 5선 의원인 이해찬李海瓚을 선택하고 정동영鄭東泳, 김근태金槿泰, 정동채鄭東采 등 현역 의원을 통일, 보건복지, 문화관광부 장관에 임명하여 분야별 책임장관제를 운영하는 '정치내각'을 구성했다.

특히 이해찬은 노무현 대통령이 공약한 책임총리제의 방안으로 시도한 대통령과 국무총리의 분권형 국정운영 시스템의 한 축을 맡아 역대 어느 총리보다 힘 있는 실세총리 역할을 함으로써 한국 헌정사상 국무총리의 역할에 새로운 패턴을 보인 게 사실이다.

이해찬은 대통령과 국무총리의 역할 분담에 대해 "야구팀으로 말하면 대통령은 구단주이고 총리는 감독"이라고 비유하면서, 역대 총리와는 달리 유례없이 일정한 영역을 확보하고 대외적으로 언론에 대한 공격과 비판, 대통령 건강 문제의 공개적 거론, 야당에 더한 원색적 비난, 국회 대정부질문 답변에서 고압적 태도 등을 서슴지 않았다. 또한 대내적으로는 역대 최대의 보좌진(국무조정실, 비서실)을 구성하여, 과거 청와대에서 관장하던 정부 및 정치 홍보, 정책현안 조정 등 실질적으로 일상적 업무를 총괄해서 대통령과 분권형 국정운영의 실험을 한 셈이다.

이해찬 총리의 역할 강화에 대해 "대통령이 국민의 비판을 피하려 총리 뒤에 숨은 것"이라는 비판과 "대통령이 생각을 바꾸면 언제든 과거의 독점형태로 되돌아갈 수 있다."는 비판도 있었으나 업무조정의 효율성이 커졌다는 긍정적 평가도 있었다.

이해찬은 총리 재임 시 정치적 위상位相이나 행정부 내 역할면에서 역대 어느 총리보다 힘을 보여 헌정사상 가장 강력한 실세총리라는 평을 받았다. 그는 특유의 강인한 인상과 절제되지 않은 언동言動으로 여당 내에서까지 거부감을 불러일으켰다. 특히 국회에서의 질문 답변과정에서 의원들과 기氣싸움은 그에게 치명적이었다. 이런 와중에 국경일인 3·1절에 적절치 못한 인사들과의 골프 모임이 문제가 되어, 정치권 안팎과 언론의 비난에 결국 재임 18개월 만에 물러나고 말았다. 총리의 퇴임이 여당 내에서 강력히 작용한 예는 3공화국 초대 총리였던 최두선崔斗善 이후 처음 있는 일로 역사의 반복을 엿볼 수 있었다.

분권형 실세총리였던 이해찬의 후임으로는 참여정부의 정책 일관성을 유지하기 위하여 김병준金秉準 청와대 정책실장이 초기에 거론되었으나, 총리감으로 자주 물망에 올랐던 한명숙이 갑자기 부상되어 무난히 국회의 임명동의를 받았다.

37대 한명숙

한명숙의 등장은 헌정사상 최초의 여성총리로서 우리 사회의 모든 분야에 여성이 참여했다는 정치 사회적 의미뿐 아니라 이해찬 총리의 강성强性 이미지에서 연성軟性이미지로의 변화를 볼 수 있다.

한명숙 총리에 대해 과연 이해찬 당시의 총리 역할이 계속될 수 있을지 관심이 집중된 가운데 노무현 대통령은 책임총리로서의 역할을 계속될 것이라고 뒷받침하였다. 그러나 취임 직후 있었던(2006. 5. 31) 제4기 지방자치단체 선거에서 집권당이 참패하면서 한명숙의 정치 행정적 역할은 현저히 축소된 것이 사실이다. 그뿐만 아니라 청와대는 한명숙 총리 취임 2개월 만에 비서실의 직제를 개편하고 정무팀을 부활시켜 2004년 5월 이후 총리실에서 맡아온 정치 업무를 상당 부분 환수해갔다.

이로써 총리의 역할은 이해찬 총리 당시보다 상대적으로 축소되었고, 분권형 국정운영의 시도는 원점으로 회귀했다. 그러나 2007년 초부터 여당인 열린우리당이 와해되기 시작하는 분위기 속에서 한명숙 총리의 행보가 정치 쪽으로 기울어 관심을 끌었다.

한명숙은 퇴임 1개월 전쯤 일찌감치 노무현 대통령과 협의하에 당으로 복귀할 것을 결심하고 느긋하게 퇴임을 준비했다. 이례적으로 각계 인사 1천여 명에게 퇴임 인사장을 발송하는 등 문민정부 당시 이수성 총리 퇴임 때와 비슷한 퇴임 행보를 취하고 당으로 복귀하여 대통령 후보군에 나섰다.

한명숙 후임으로는 김우식金雨植 과기부장관, 김혁규金爀珪 의원, 이규성李揆成 전 재무장관, 전윤철田允喆 감사원장, 한덕수韓悳洙 전 재경부장관 등이 거명되었는데, 60대의 연장자들 대신에 50대 한덕수가 지명되었다.

38대 한덕수

한덕수 지명은 정치색이 없고 정통 경제관료 출신으로, 현안인 한미FTA 타결과 경제문제를 실무적으로 챙겨나가는 역할을 기대하는 노무현 대통령의 의지 표현으로 볼 수 있다.

한덕수 총리의 등장으로 우리 헌법에 규정된 주요직(국회의장, 대법원장, 총리, 헌법재판소장, 중앙선관위장, 감사원장) 여섯 자리 중 중앙선관위장을 제외한 다섯 자리가 모두 호남 출신이 차지하게 되는 현상이 일어났다.

이 같은 현상은 3부요인三府要人이 모두 호남 출신으로 역대 어느 정부에서도 없던 일로서, 인사의 지역차별 해소와 이른바 코드인사의 역逆기능이라고 볼 수 있다.

10. 이명박 정부 : CEO형 리더십에 테마별(특임) 총리 기용

노무현盧武鉉 대통령의 파격적인 언행과 기존 질서 파괴에 불안을 느낀 국민들의 압도적 지지로 당선된 이명박李明博 대통령 당선자는 새해 들어(2008. 1. 14) 기자회견을 갖고 국정 방향을 밝히는 가운데 총리의 역할과 관련하여 새로운 운영 방안을 제시했다.

이명박은 "총리는 앞으로 세계시장을 다니면서 자원외교 등 여러 분야에서 할 일이 많다. 총리의 역할은 보조적인 역할이 아니라 독자적인 업무를 가지고 국내외에서 활동하게 될 것이다."라고 총리의 역할에 자원외교라는 새로운 장르를 설정한 것이다.

이 발표가 있은 후, 새로운 총리 후보로는 박근혜朴槿惠 의원, 이경숙李慶淑 인수위위원장, 한승수韓昇洙 전 경제부총리 등이 거명되었다. 그러나 이명박은 기자회견 후 10일 만인 1월 25일 한승수를 내정하고 28일 공식 지명하여 국회에 통보했다.

39대 한승수

한승수는 3선 의원에다 20여 년간 외무·상공·경제기획원장관과 대통령 비서실장까지 역임한 다채로운 경력을 지녔으며 당시 박근혜 의원의 이종사촌 형부 군群 중의 한 사람이기도 하다.

지명을 공식 통보받은 한승수는 "에너지 수입만을 해오던 일방적인 자원외교보다 우리의 개발 경험이나 인적 물적 자원을 활용해 자원보유국과 장기적이고 상호 호혜적인 자원외교가 필요하다."며 "우선 할 일은 경제를 살리는 일로서, 규제개혁을 비롯한 국정의 효율적 운영이 필요하다."고 포부를 밝혔다.

그러나 국회 임명동의 절차가 늦어져 이명박 대통령 취임 후 첫 국무회의에 새로 임명된 장관과 전前 정권 장관이 혼재한 가운데 한덕수韓悳洙 총리가 회의를 주재하는 일까지 벌어졌다.

한승수는 대통령 취임(2. 25) 후 4일 만에 임명동의안이 가결되어 향후 1년 7개월간 비교적 오랜 기간 총리로 재임했다. 이른바 청주淸州 한韓씨가 한명숙韓明淑, 한덕수韓悳洙에 이어 세 번째 총리로 등장했다.

그러나 취임 초부터 이른바 쇠고기 파동, 금강산 관광객 피살, 독도 문제 등 국내외적으로 큰 사건이 벌어져 이른바 자원외교라는 주 임무는 빛을 보지 못했다.

이해찬李海瓚 총리 이후 처음으로 경제인들을 대동하고 우즈베키스탄, 카자흐스탄, 투르크메니스탄, 아제르바이잔 등 중앙아시아 4개국을 순방(2008. 5. 10~20)한 자원외교 성과는 원유, 가스, 우라늄 수입을 위한 기초단계의 협약 수준에 머물렀다. 그 후로는 대통령의 친형인 이상득李相得 의원의 아프리카, 중남미 지역 자원외교와 박영준 산자부차관을 중심으로 한 아프리카 카메룬의 다이아몬드 광산 문제 등과 얽혀 흐지부지되고 말았다.

쇠고기 파동 등 국내 문제가 복잡해지자 한승수는 7월부터 노무현 정부 때 운영하던 국가정책조정회의를 부활시켜 현안 문제를 직접 챙겼고 조용한 성격의 한승수의 목소리가 커지고 공격형으로 변했다는 언론의 지적이 있기도 하였다.

그러나 쇠고기 파동이 절정에 달했을 때 전국 대학생 총학생회 대표들과 한승수 총리 간에 있었던 연세대 강당 토론회(2008. 6. 6)에서 한승수는 학생들의 질문에 대해 기초적이고 원론적인 답변만 함으로써 1960년대 초 서울대학을 찾아가 5·16과 한일회담 등을 놓고 김종필金鍾泌의 소신 있고 철학 있는 답변으로 학생들을 설득했던 장면과는 대조적이어서 청중들에게 아쉬움을 남겼다.

한승수는 총리직을 떠나면서 기자들과의 오찬 석상에서 "총리는 대통령을 보좌하는 게 헌법상 임무이지 자기 정치를 하는 자리가 아니다. 정치권에서는 나더러 용각산 총리(자기 목소리가 없는)가 아니냐고 하지만 내가 재임 중에 써놓은 일기책 6권을 보면 달라질 것이다."라고 술회하고 재임 중에 전국 159개 시군을 모두 방문한 것도 최초의 기록이라고 밝혔다.

한승수는 후임으로 지명된 정운찬鄭雲燦 총리가 국회 임명동의를 받아 취임할 때까지 총리실을 지키겠다고 약속하고 마지막 날까지 5개의 공식 일정을 모두 소화하는 부지런함을 보였다.

40대 정운찬

한승수 후임으로는 한동안 심대평沈大平 전 충남지사, 강현욱姜賢旭 전 농림장관, 박세일朴世逸 한반도선진화재단이사장 등이 거론됐으나 세종시 문제가 4대강 사업과 예산 문제로 복잡하게 얽혀있어 충청도 출신에 무게를 두다 보니 정운찬 전 서울대 총장 쪽으로 가닥이 잡혔다는 것이다. 그러나 정운찬은 17대 대선 과정에서 한때 대권 후보자로 거명이 되었었고 대운하 사업, 녹색성장정책 등 이명박 대통령의 역점 사업에 부정적인 견해를 갖고 있어 "통합을 위해 가시 돋친 중도를 품었다."는 평이 나올 정도로 정치적 부담을 안고 정운찬 카드를 쓴 것으로 해석됐다. 총리 후보자로 내정 사실이 밝혀지자 정운찬은 "이 대통령과는 경쟁을 중시하고 촉진하되 경쟁에서 뒤쳐진 사람을 따뜻하게 배려해야 한다는 점에서 생각이 같다."고 첫 운을 뗐다.

이어 정운찬은 "행정복합도시(세종시)는 경제학자인 제 눈으로 보기에 아주 효율적인 플랜은 아니다. 원점으로 돌리기는 어렵지만 원안대로 다 한다는 것도 쉽지 않다."고 세종시의 원안 추진이 어렵다는 견해를 내비쳤다.

이에 대해 야당은 물론 충청권 시민 단체들이 일제히 "총리 자격 없다."고 크게 반발하고 나서 험난한 앞날을 예고했다. 혹독한 인사청문회를 거쳐 임명동의안 표결 시에는 민주당과 선진당이 대부분 퇴장하고 남은 의원들도 투표를 거부해 야당 없이 표결하는 사례를 남겼다.

정운찬 임명절차가 끝나자 "대통령을 보좌해 내각의 힘을 하나로 모아 경제위기 극복과 서민경제 활성화, 국민통합을 위해 온 힘을 다하겠다."고 포부를 밝혔다.

그러나 정운찬은 청문회 과정에서부터 "세종시 문제는 국가 전체로 봐서 행정적 비효율이 있다고 생각하는 것이 소신"이라고 밝혀 '세종시 원안 수정' 문제가 정운찬에 의해 정치·사회적으로 공론화되는 계기가 되었다.

그뿐만 아니라 용산 철거민 참사 현장을 방문한 것이나 내각의 역량을 극대화하기 위해 총리의 내각 통할권을 강조하는 등 취임 초부터 자기의 정치적 입지를 다지려는 듯한 행보가 언론에 지적되었다.

세종시 수정안을 놓고 박근혜 의원과 정치적 대립각을 세운 정운찬은 2010년 초부터 곡절을 겪은 끝에 그해 6월 29일 국회 본회의에서 박근혜 의원이 세종시 수정안에 대해 반대 토론에 나서는 등 적극적인 반대로 부결시키는 바람에 '세종시 총리'라는 실패한 꼬리표를 단 채 8월 11일 총리직에서 물러났다.

이명박 정부는 한승수 총리의 '자원외교'나 정운찬 총리의 '세종시 수정안' 등 특정 사안과 총리 임명을 관련시키면서 총리제 운용에 새로운 시도를 해보았지만 성공하지 못한 사례로 지적된다.

재임 중에 서너 차례 사퇴 의사를 밝혔던 정운찬은 이임식에서 직접 쓴 이임사를 통해 "해야 할 일을 하지 않는 정부나 모든 일을 다 할 수 있다고 믿는 정부는 나라와 국민에게 똑같이 해악을 끼친다."고 강조하고, 충남 연기·공주 지역 8만 3,000여 세대에 편지를 보내 "세종시 문제로 심려를 끼쳐드린 것 같아 죄송하다. 고향을 사랑하는 뜻이야 다를 리 없지만 방법에 차이가 있었던 것 같다. 앞으로 어디서든 충청인 여러분과 함께 하겠다."는 다짐을 했다. 그러나 정운찬은 2012년 제18대 대선에서 막판에 야당 후보인 문재인文在寅을 지지했다.

대권 후보군의 일원으로 지목되던 정운찬이 세종시 수정안과 함께 침몰하자 후임 총리 인선에 관심이 쏠렸다.

이명박 대통령은 예상을 깨고 40대(48세)의 김태호金台鎬 전 경남지사를 발탁했다. 40대의 총리를 발탁한 것은 건국 이후 다섯 번째였다.

김태호는 지명 발표가 있자마자 "나는 농민의 아들, 소 장수의 아들이다. 대한민국은 기회의 땅이라는 것을 2, 30대에게 보여주려는 것이 대통령의 뜻인 것 같다."며 "막힌 곳을 뚫어 소통과 통합의 아이콘이 되고 싶은 게 내 욕심이다."라는 포부를 밝혔다.

김 후보자는 농대를 나와 의원보좌관을 거쳐 최연소 도의원 군수, 도지사를 지낸 경력의 소유자이다.

김태호의 등장으로 여권의 후계 구도는 박근혜 의원 대항마로 점쳐지기도 했다.

그러나 인사청문회 과정에서 재산 증식 과정, 채무 관계, 관용차 사용私用 문제와 이른바 박연차朴淵次 게이트 관련설로 야당의 집중 공격을 받다가 끝내 후보지명 21일 만에 후보직을 자진 사퇴하고 말았다. 인사청문회 제도 시행 이후 총리 인준을 받지 못한 사례는 김대중 정부 때 장상張裳, 장대환張大煥에 이어 세 번째이지만 국회 표결 전에 후보자가 사퇴한 것은 최초의 일이었다.

김태호 후임으로는 이명재李明載 전 검찰 총장, 박봉흠朴鳳欽 예산처장관, 조무제趙武濟 전 대법관 등이 거론됐으나 20일 만에 김황식金滉植 감사원장이 지명 발표되었다.

41대 김황식

청와대는 발표문에서 "김 후보자는 38년 공직 생활에서 청렴성과 도덕성을 바탕으로 성실성을 인정받아 공직 사회에 귀감이 되고 국민의 신망도 받는 분"이라고 소개했다.

김황식은 이미 대법관과 감사원장 취임 전에 두 번이나 인사

청문회를 거쳤기 때문에 부담이 없고 최초의 전남 출신 총리라는 점에서도 부담이 없었다.

인준안 국회 표결 과정에서 야당이 소극적 반대 입장을 견지해 정운찬 총리 퇴임 후 51일 간의 총리 공백기를 넘기고 김황식 총리가 취임했다.

김황식은 취임식에서 "공정한 사회의 실현을 통한 선진 일류 국가 건설이라는 이 대통령의 큰 뜻을 이뤄가는 데 앞장서겠다."면서 "총리로서 헌법과 법률에 규정된 권한과 책임을 다하겠다는 결심을 다시 한 번 밝힌다."고 말해 법률가로서의 총리 역할을 다짐했다.

김황식은 재임 중 우문현답(우리들의 문제는 현장에 답이 있다.)이라는 현장 중심 행정을 실천했고 총리의 역할에 대해서는 "존재감이 없는 게 내가 목표하는 바"라며 "이슬비 같은 총리로서 조용히 내리지만 땅속에 스며들어서 국민에게 돌아가면 그게 더 좋다."고 했다.

김황식은 최근 역대 총리 중에서 균형감각을 갖고 할 일과 안 할 일을 구분해서 대통령을 잘 보좌한 총리라고 본다.

대전 현충원에서 있었던 연평도 포격도발 전사자 1주기 추모식에서 장대비를 맞으며 헌화함으로써 국민 정서를 자극한 것이나 각종 모임이나 국회 답변에서 이치에 맞지 않는 발언에 대해서는 매섭게 질타하는 모습을 보여 관계자들로부터 평가를 받기도 했다.

김황식은 2년 5개월간 재임함으로써 건국 이래 네 번째(정일권

6년 7개월, 김종필 6년 1개월, 최규하 3년 10개월) 장수 총리이자, 1987년 대통령 직선제 도입 이후로는 최장수 총리이다. 김황식은 퇴임 후에 ≪연필로 쓴 페이스북≫이라는 총리 재임 시의 가벼운 생각을 정리한 책을 펴내기도 하고 독일·미국 유학 끝에 서울시장 예비 후보로 정몽준鄭夢準과 겨뤄 패했다.

제7장 총리 임명任命 통고

국무총리는 그 발탁 과정을 거쳐 대통령 의중意中 인물이 확정되면 대통령이나 비서실장 등 관계자들이 본인과 접촉하여 수락 의사를 받아 이를 공표하게 된다. 접촉 과정에서 언론에 포착되어 보도되는 경우가 대부분이지만 그렇지 않은 경우도 많다.

이승만李承晚 대통령이 초대 총리를 임명할 때는 대통령이 직접 국회에 출석하여 발탁의 배경을 설명하고 지지해줄 것을 호소하기도 했다. 항간의 예상을 완전히 뒤엎고 이윤영을 지명했을 때는 당시 거명됐던 김성수金性洙, 신익희申翼熙, 조소앙趙素昻 등 개개인에 대해 총리로 기용하지 않는 이유를 설명하고 이윤영의 지명을 승인해줄 것을 요청했으나 압도적으로 부결되었으며, 이범석을 지명했을 때는 국회의원들에게 총리 승인을 애국심에 호소하기도 했다는 것은 이미 지적한 바 있다.

반면에 이미 정부 내에 들어와 공무원 신분에 있는 인사를 총리로 기용할 때는 내부 연락체계를 통해 대통령의 뜻이 전달되기 때문에 외부에 미리 알려질 확률이 적다.

이승만 대통령이 제2대 국무총리로 장면張勉 주미대사를 기용할 때 이승만의 뜻이 장면에게 전달되자, 장면은 전쟁의 와중渦中에 국무총리를 하는 것보다는 미국에 더 있고 싶은 생각에서 당시 이승만과 관계가 깊었던 한표욱韓豹頊 1등 서기관으로 하여금 "장 대사를 주미대사로 유임시키는 것이 어떻겠느냐."는 요지의 사신을 이승만에게 보내도록 종용하기도 하였다.

그 후 백두진白斗鎭(재무장관)이나 변영태卞榮泰(외무장관)를 총리로 기용할 때 역시 이미 국무위원 신분에 있는 사람을 총리로 임명했기 때문에 임명 과정에 별다른 특이 사항이 없었다.

박정희朴正熙 정부 시기(제3공화국) 최두선崔斗善 총리가 물러나고 정일권丁一權 내각이 들어설 때, 당시 정일권은 외무부장관으로 있었다. 당시 언론 보도를 보면 최두선이 사표를 낸 후 1964년 5월 9일 김종필金鍾泌 공화당 의장, 장기영張基榮(한국일보 사장으로 정일권 내각에 부총리로 입각), 김형욱金炯旭 중앙정보부장 등이 회동하여 그날 밤 정일권에게 통고된 것으로 보도되었다. 이와 같은 움직임은 국무총리 경질을 앞두고 권력핵심이 관여한 것으로 그 후 국무총리 임명절차와는 색다른 모습이 아닐 수 없다.

정일권 총리 퇴임 후 백두진白斗鎭이나 김종필이 임명될 때는 사전에 흘러나온 얘기가 전혀 없었고, 최규하崔圭夏가 임명될 때는 김종필이 물러날 것이라는 설은 오래 전부터 나돌았으나 후임 총리는 확실히 거명되지 않았다. 김종필은 본인이 그만두기 10여 일 전쯤 당시 무임소장관으로 입각하게 된 신형식申泂植 국회 재무위원장에게 우연히 만난 자리에서 "신변에 변화가 있을지 몰라요."라고 귀띔했다는 뒷얘기를 들어보면 상당히 오래 전에 이미 개각의 윤곽이 잡힌 것으로 해석된다.

국무총리서리로 발령을 받은 최규하는 발표(1975. 12. 19)되기 1주일 전쯤 통고를 받은 것 같다고 측근은 20년이 지난 뒤에야 밝혔다. 다만 최규하가 임명될 때 발표 직전에 박정희 대통령은 이효상李孝祥 공화당 의장과 백두진 유정회 의장을 청와대로 불러 개각 내용을 사전 설명함으로써 정치권에 대한 예우를 차리는 절차를 밟은 것은 그 이후에는 보지 못하는 격식이었다.

제5공화국 첫 국무총리로 임명된 남덕우南悳祐의 발탁은 복잡한 절차를 밟아야 했다. 남덕우는 당시 하와이 동서문화센터에 그해 11월까지 체류하게 되어 있었으나 총리 임명 발표(1980. 9. 2) 2주일 전에 통고를 받고 일시 귀국하여 전두환全斗煥 대통령을 만난 다음 다시 하와이로 가서 짐을 챙겨 귀국한 후, 눈을 피해 고향(경기도 광주)에 있다가 발표 하루 전에 서울로 올라와 정식 발표가 나자 취임 소감을 유인물로 만들어 언론에 배포하는 여유를 보이기도 했다.

그러나 남덕우가 퇴임할 때는 신정 연휴(1982) 기간에 갑자기 결정되어 취임할 때와는 대조를 이루는 퇴진이 되었다.

남덕우 후임으로 발탁된 유창순劉彰順 총리는 신정 연휴(1982) 기간에 인선이 이루어져 공휴일인 1월 3일 오후 청와대 출입기자 2명만이 있는 가운데 전격적으로 개각 사실이 발표되었다. 전두환 대통령은 당일 서부전선을 시찰하고 장충체육관에 들러 배구 시합을 구경한 다음 청와대로 들어와 곧바로 개각 발표를 지시했기 때문에 청와대 출입기자들을 불러 모을 시간도 없이 개각 내용이 발표된 것이다.

그 후 김상협金相浹, 진의종陳懿鍾, 노신영盧信永, 이한기李漢基, 김정렬金貞烈 등 제5공화국 총리의 임명은 거의가 어떤 사건, 사고가 있은 후 개각이 예상되는 가운데 이루어졌기 때문에 개각이 이루어질 때마다 누가 임명되느냐가 관심거리였지 어떤 경로를 통해 어떻게 통고되었는지에 관해서는 별 관심이 없었다.

다만 김상협은 발표되기(1982. 6. 24) 3일 전에 청와대에서 연락이 와서 전두환 대통령과 '안전가옥'에서 만나 제의를 받았으나 사양했더니, 이튿날 함병춘咸秉春 비서실장 내외가 집으로 찾아와 간곡히 부탁해서 수락했다고 밝힌 바 있다. 뒤를 이은 진의종 역시 발표 하루 전인 1983년 10월 14일에 통고를 받은 케이스이다. 아웅산 폭파 사건에 도의적 책임을 지고 김상협 총리 이하 전 각료가 13일 사표를 제출하자, 전두환 대통령은 이튿날 여·야 대표들을 청와대로 불러 오찬을 한 다음, 당시 진의종 민정당 대표에게 총리를 맡아줄 것을 요청했다는 것이다.

그러나 진의종의 후임인 노신영에 대한 임명통고 절차는 전혀 밝혀지지 않고 있다. 국가 안전기획부장이라는 직책의 특성상 대통령과는 특별한 관계가 있기 때문에 사전에 공개되지 않은 것이 상식이다. 그러나 발표가 있기 2, 3일 전에 모 일간지에 조그맣게 총리 후임에 노신영 안기부장이라는 기사가 보도되었을 뿐이다. 아마 이 신문도 확신 있는 기사였다면 그렇게 작게 취급하지는 않았을 것이란 평들이었다. 이렇게 은밀히 총리 후임이 결정되는 예는 극히 드물다.

노신영의 뒤를 이은 이한기 총리의 경우는 그의 등장이나 임명 통고 방식이 이례적이다. 노신영은 퇴임하던 날 청와대에 올라가 내각의 일괄 사표를 제출하고 자신의 퇴임 통고를 받은 뒤 총리 집무실로 돌아와 기다리고 있던 보좌진들에게 "그동안 수고가 많았다."고 자신의 퇴임을 기정사실화하고는, "후임총리는 누구냐?"는 보좌진들의 물음에 "이한빈李漢彬 씨"라고 알려줘 이한빈 씨가 후임 총리로 전해지기도 했다. 잠시 후 이한기李漢基로 정정되기는 했지만 이한기의 기용은 이처럼 전격적으로 이루어져 비슷한 이름이 혼동되는 에피소드도 있었다.

이한기 국무총리서리를 포함한 당시의 개각은 이미 박종철朴鍾哲 사망 사건과 관련하여 1주일 전에 일부 개각이 있었기 때문에 연이은 개각은 없을 것으로 일반적으로 인식되었고, 개각 이틀 전인 5월 24일(토) 노신영 등은 유임되는 것으로 알려졌기 때문에 이날의 개각(1987. 5. 26)은 전격적인 것이었다.

국무총리 서리로만 48일간 재임했던 이한기는 자신의 임명 통보와 관련하여 "임명받던 날 아침 7시에 전화가 와 받아보니 갑자기 전두환 대통령이 나와 '국무총리를 맡아달라.'고 하기에 사양했더니 '어려운 시기이니 나를 좀 도와달라.'고 하면서 더 이상 사양할 겨를도 없이 전화가 끊어졌다."고 밝혔다. 본인의 발언과 당시 상황을 종합해보면 일요일인 25일 밤에 총리 후임이 갑자기 결정된 것으로 밝혀졌다.

6·29 선언으로 정국 상황이 급변되자 이한기 총리서리 후임으로 임명된 김정렬金貞烈의 경우는 전임 이한기가 지병(당뇨병)이 악화되어 사의를 표명한 즈음이었기 때문에 예상되는 개각이었다. 김정렬은 개각이 발표(1987. 7. 13)되던 날 아침, 청와대 비서실장(박영수朴英秀)으로부터 전화가 와 점심을 같이하기로 하고 만나서 통보를 받고 오후에 청와대에 들어가 개각에 따른 문제들을 전두환 대통령과 협의했다고 했다.

노태우盧泰愚 대통령이 국민 직선直選으로 대통령에 당선되자 취임준비위원회를 구성해서 정부인수 준비를 하던 중 우선 제일 중요한 일은 국무총리를 누구로 발탁하느냐 하는 것이었다. 대통령 취임일(1988. 2. 25)을 2주일 앞둔 2월 10일 밤 그동안 면밀히 검토한 국무총리 내정자를 이현재李賢宰로 결정하고 그 뜻을 보좌관을 통해 본인에게 통고했다. "그 다음 날 아침 이 씨의 제자이며 노 대통령 당선자의 보좌관인 이병기李丙琪가 이 씨의 댁으로 찾아와 전화로 노 당선자를 연결해줘서 받아보니, '10시에 삼청동(취임준비위원회 사무실)에서 만나자.'고 해서 약속대로 가보니 이미 언론에 발표되었더라."고 술회한 적이 있다. 갑작스런 임명 통고를 받고 이현재는 "세상일이라는 것이 사양을 해도 그리될 수밖에 없는 경우가 많다는 것을 새삼 느꼈다."고 임명 수락受諾 경위를 설명했다. 이렇게 해서 국무총리 내정자가 발표되자 국무총리실에서는 다음 날(12일)부터 의전실 직원 2명을 이현재에게 보내 일을 돕기 시작했다.

이현재가 10개월간의 총리직을 수행하고 사의를 표하자(1988. 12. 2) 그 후임으로 임명된 강영훈姜英勳의 경우는 처음에 민정당 대표위원 제의를 받았다는 것이다. 1988년 12월 3일, 노태우 대통령으로부터 면담 요청을 받고 청와대에 가니 노 대통령이 민정당 대표위원을 맡아주었으면 좋겠다는 제의를 해왔다는 것이다. 당시 강영훈은 외교관 생활을 한 경험을 살려 국회올림픽특별위원회 위원장을 맡아 나름대로 열심히 하고 있는데 갑자기 당 대표 제의를 받고는 정치에 입문한 지도 일천하고 국내 정치 상황을 잘 알지도 못하는 입장에서 도저히 받아들일 수가 없어 극구 사양하고 돌아왔으나, 이튿날(4일) 다시 만나자는 연락이 와서 만나니 이번에는 국무총리를 맡아달라는 요청을 해와 두 번 거절할 수가 없어서 할 수 없이 수락했다고 하였다.

다음에 대통령 비서실장에서 국무총리로 직접 임명된 노재봉盧在鳳의 경우는 임명권자와 피임명자가 지근거리에 있는 깊숙한 곳에서 이뤄진 인사이기 때문에 별로 외부에 알려질 정도로 임명 통고 절차가 있을 수 없었다. 다만 개각 발표(1990. 12. 28)가 있기 6일 전인 12월 22일에 노태우 대통령이 직접 본인에게 통고했다고 한다.

그러나 노재봉 다음에 임명된 정원식鄭元植 총리의 경우는 통고 절차가 복잡했다. 전임 노재봉의 퇴임이 불가피해지자 후임 총리로는 당시 조완규趙完圭 서울대 총장, 현승종玄勝鍾 교총 회장, 조순趙淳 전 부총리, 고흥문高興門 전 국회부의장 등이 거명되었으나, 개각 발표(1991. 5. 24) 하루 전인 23일 밤 정원식鄭元植 전 문교부장관이 낙점되어 당시 대통령 특사로 아프리카를 순방하던 본인에게 국제전화로 통고된 케이스다. 당시 청와대에서는 23일 밤 9시 반 잠비아 수도 루카스의 인터콘티넨탈 호텔에 머물고 있던 정원식에게 전화로 임명 통고를 해서 정원식은 곧바로 귀국길에 올랐으나 25일 오후에야 귀국했다.

정원식을 이은 현승종玄勝鍾 총리의 경우가 영입하는 데 어려움을 겪은 예이다. 발표 이틀 전(1992. 10. 6) 노태우 대통령은 현승종을 영입하기로 결정하고 김중권金重權 정무수석을 현승종이 거취하고 있는 춘천으로 보내 임명 통고를 했으나 완강히 거부하는 반응을 보여 평소 현승종과 친분이 있는 인사들을 동원하여 직간접으로 총리직 수락을 종용했다.

일단 이튿날(7일) 오전 10시 청와대로 들어와서 가부를 결정키로 하였으나 현승종이 예정된 시간에 나타나지 않자, 청와대에서는 당사자가 몸을 숨긴 줄 알고 큰 고민에 빠졌다. 그러나 본인은 그동안 가족들의 반대를 무마하고 재직하던 한림대(총장)의 사무를 마무리하고 오후에 청와대에 도착하였다. 그리고 노태우 대통령과 40여 분간 요담要談하였는데, 이로써 제6공화국 마무리 내각이 탄생하게 되었다.

앞에서도 지적했듯이 정권 출범 후 첫 총리 임명은 매우 중요한 정치적 의미를 갖기 때문에 김영삼 정부의 첫 총리 임명도 큰 관심 속에서 전격적으로 발표되었다. 김영삼金泳三 대통령의 의외성意

外性, 전격성 인사 스타일이 이때부터 나타나기 시작했다. 대통령 취임을 앞둔 1993년 2월 22일 오전, 황인성黃寅性 민자당 정책위의장의 총리 내정 사실이 발표되기 전날 밤 김영삼 대통령 당선자는 당사자를 호텔로 불러 저녁 식사를 하면서 "총리를 맡아달라."고 제의하면서, "내일 아침 발표하겠다."고 일방적인 통고가 있었다는 것이다.

황인성 다음으로 두 번째의 총리인 이회창李會昌 총리 기용의 경우도 발표(1993. 12. 16) 하루 전날 이회창과 독대하는 자리에서 통고되어 청와대나 감사원 주변의 측근들도 눈치채지 못했다고 한다. 이는 황인성이 14일 김 대통령을 독대하는 자리에서 사임을 거듭 요구하면서 하루 만에 전격적으로 이루어진 조치였다. 이렇게 전격적으로 등장한 이회창은 퇴임할 때도 많은 일화를 남겨 우리나라의 국무총리 인사 역사에 특기할 사례가 되었다.

따라서 후임 이영덕李榮德 총리의 경우는 앞서 설명했듯이 본인도 너무나 갑자기 통고를 받아 처음에는 무슨 뜻인지 잘 모르는 사이에 임명통고를 받은 사례였다.

이홍구李洪九 총리의 경우도 갑자기 발표(1994. 12. 17)되었으나 실제로는 11월 말부터 구상된 인사였다. 1997년 초 한보韓寶 사태 수사 과정에서 문제되었던 김영삼의 차남 김현철金賢哲 주변 인물들은 총리로 이홍구가 된다는 사실을 발표 일주일 전쯤에 들었다고 밝힘으로써 인사 결정은 상당히 오래전에 된 것으로 보인다.

그러나 이수성李壽成 총리의 경우는 발표(1995. 12. 15) 10여 일 전에 김영삼 대통령이 본인을 직접 만나 제의했으나 그 자리에서 본인의 확답을 받지 못하고 말미를 주어 결정토록 하여 꽤 많은 시간이 걸렸다고 전해졌다. 1995년 12월 4일 김영삼은 이수성을 초청, 오찬을 하면서 총리직 수락을 제의했으나 일단 사양하는 바람에 10일이 지난 14일에는 사람을 보냈지만 역시 결론을 얻어 오지 못해 15일 아침에는 김영삼이 직접 전화를 걸어 마지막 쐐기를 박았다는 것이다. 이수성은 총리 임명장을 받고 언제 통고를 받았느냐는 기자들 질문에 "1주일 전쯤 제의를 받고 고민했다."고 밝힌 바 있다.

고건高建의 경우는 김영삼 정부 출범 이후 이례적으로 사전에 언론에 내정설이 나돈 최초의 인사였다. 정식으로 발표(1997. 3. 4)되기 1주일 전쯤인 2월 28일 오후부터 고건의 총리 내정 소문이 나돌기 시작했고, 3월 1일 언론에서부터 일제히 고건의 내정이 기정사실화되기 시작했다. 고건은 임명장을 받은 직후부터 내각 개편 작업에 착수하여 경질 대상 각료에 대한 통고와 신임 각료 내정자에 대한 통보를 직접해서 김영삼이 종래의 인사 스타일을 바꾸었다는 평가를 받았다. 이는 한보韓寶 사태 발생 이후 어려운 처지에 놓인 김영삼이 독선적인 이미지를 벗으려는 의도에서 취해진 조치였다고 언론에서는 풀이하기도 했다.

국민의 정부 전반기는 총리가 자민련 몫이었기 때문에, 김대중 대통령과 김종필 및 당사자가 합의하면 결정되어 특별한 통고 절차나 인선 과정이 없었다.

후반기 장상張裳 서리 이후는 과거 총리 인선의 과정을 밟게 된다. 이한동 후임으로 이세중李世中 변호사, 선우중호鮮于仲鎬 명지대 총장 이종남李種南 감사원장, 김민하金玟何 민주평통수석부의장, 이헌재李憲宰 전 재경부장관 등이 물망에 올랐으나 의외로 여자인 장상 이화여대 총장이 서리로 임명되었다.

장상의 발탁은 발표 전날(2002. 7. 11) 박지원朴智元 청와대 비서실장이 만나 의사 타진을 하고, 이어 그날 밤 김대중 대통령이 직접 전화를 걸었다. 김대중은 개각을 발표한 뒤 "총리서리는 내가 잘 안다. 비서실장과도 상의했으며 아내(이희호李姬鎬)에게도 얘기했더니 좋게 생각하더라."고 인선 배경을 기자간담회(7. 15)에서 밝혔다.

그러나 장상은 국회 임명동의를 받지 못해 낙마하고, 이어 있었던 국회의원 재보궐선거(8. 8)에서 여당이 참패하는 등 어려운 상황에서 김대중은 고집스럽게 젊은 경영인인 장대환張大煥 매일경제신문 사장을 서리로 임명했다.

장대환은 "어젯밤(8. 8) 대통령께서 직접 전화를 걸어 '21세기는 여성과 젊은 사람이 국정을 잘 이끌어 달라.'고 했다."고 임명 경위를 설명했다.

당시 후보로는 김용준金容俊 전 헌법재판소장이 거론되었으나, 장대환의 등장은 세계화시대에 부응하는 경영마인드와 국제 감각 등을 고려했다는 박지원 비서실장의 설명이었다.

장대환은 김대중과 특별한 인연은 없고 IMF 이후 '비전 코리아 캠페인'을 하면서 이를 대통령에게 보고했고, '신지식인'이라는 용어를 만들어 사용한 것이 인상에 남았는지 모른다는 해석들이었다. 장대환 역시 국회 인사청문회의 벽을 넘지 못하자 김대중 대통령은 검증된 후보자를 물색하면서 40여 년간 법관으로 외길을 걸었고 야당총재인 이회창李會昌과도 교분이 있는 김석수金碩洙를 다시 서리로 임명하여 국회 임명동의를 받아냈다.

김석수의 임명과 관련, 박지원 비서실장은 "어제 본인을 만나 대통령의 간곡한 말씀을 전했더니, 완곡하게 고사하다가 대통령과 통화한 후 수락했다."고 과정을 설명했다.

이렇게 볼 때 국민의 정부 후반기 국무총리 인선과 본인에 대한 통보는 김대중 대통령과 박지원 비서실장 선에서 이루어졌다고 볼 수 있다. 참여정부에서의 총리 내정자에 대한 사전협의나 임명 통보는 밖으로 드러난 것이 별로 없다.

초대 총리로 고건이 임명될 때 노무현 대통령 당선자는 며칠 전부터 총리의 안정성을 강조하여 검증된 직업관료 출신이 등용될 것이라는 예측을 낳게 했다. 대통령 취임 한 달 전(2003. 1. 20)에 '고건 총리'로 표면화되었지만, 그 이전부터 노무현盧武鉉 대통령 당선자와 고건 전 총리 사이에 충분한 협의가 이뤄진 것으로 볼 수 있다. 노무현 당선자가 국회 인준 과정을 의식하여 야당 당사를 방문하는 자리에서 총리 내정자를 통보하고 협조를 요청(2003. 1. 22)한 것은 전에 볼 수 없었던 현상이었다.

이어 이해찬李海瓚 총리의 경우도 항간에 거론되던 많은 사람들을 제치고 갑자기 등장했으나, 표면화되기 이전에 청와대 내에 구성되어 운영되는 인사추천위원회에서 당사자들 사이에는 충분한 사전 의견 교환이 이뤄진 것으로 볼 수밖에 없다.

한명숙韓明淑 총리의 등장은 거론되던 김병준에 대한 비판여론 가운데 이루어졌기 때문에 충분한 사전검토가 있었던 것으로 보인다.

한명숙 후임에는 김우식(과기부장관), 전윤철(감사원장), 이규성(전 재무부장관) 등이 처음에 거론되었는데, 후에 한덕수韓悳洙(전 재경부장관)가 추가로 거명되다가 갑자기 급부상했다. 이유는 한미FTA 타결, 비정치적이고 경제통이며 노무현 대통령보다 연령이 낮은 것(58세) 등이 고려됐다는 분석이었다.

이명박李明博 정부 들어서 첫 총리 후보로 이경숙李慶淑 인수위위원장, 한승수韓昇洙 전 장관 등이 거명되었으나 자원외교 명분으로 한승수가 일찌감치 내정된 것으로 전해진다.

총리의 자원외교 역할이 유명무실해지고 2009년부터 내세운 '친서민 중도실용' 노선에 적합한 인물이 필요했다.

이명박은 그해 9월 1일 밤 갑자기 곽승준 미래기획위원장을 불러 정운찬鄭雲燦 서울대 총장을 찾아 정정길鄭正佶 실장과 만나도록 하라는 지시를 했다. 이날 밤 두 사람의 대면에서 총리직 제의가 이뤄졌고 이틀 후에 정운찬은 이명박과의 만남에서 총리직을 수락하게 된다. 정운찬 전 총리는 최근 한 언론 인터뷰에서 대통령과 만났을 때 세종시 얘기는 전혀 없었고 국민화합 얘기가 주로였다고 술회한 바 있다.

세종시 수정안에 대한 국회의 부결 처리로 정치적 책임을 지고 정운찬 총리가 물러나자 이명박은 정치적 선택으로 김태호金台鎬를 택했으나 국회 인사 청문회 과정에서 사퇴하자 무난한 관리자로 감사원장인 김황식金滉植을 택해 정권을 마무리했다.

제8장 총리 이취임식離就任式

임기가 없는 국무총리의 경우 언제 어느 때 무슨 일이 있어 정치적·도의적 책임을 지게 될지 모르기 때문에 취임과 이임은 갑작스레 이뤄질 수밖에 없다. 제1공화국에서부터 제4공화국까지 30여 년간 국무총리 이취임식이 공식적으로 개최된 일이 없었다. 총리 발령을 받으면 비서실장 이하 보좌진을 개인적 친분이나 사연私緣에 의해 구성해서 재임 중 일을 하다가 해임 발령을 받으면 보좌진들도 같이 짐을 챙겨 동시에 퇴임하는 것이 관례화되었다. 그리하여 총리 경질 인사가 있을 때마다 총리실 주변은 밀물 썰물이 교차하듯 들어오는 사람과 떠나는 사람 사이에 업무상 연결이 거의 없었다.

이러한 현상이 바뀐 것은 제5공화국의 2번째 내각인 유창순 내각이 들어설 때부터이다. 유창순 내각은 신정新正 연휴인 1982년 1월 3일 발표되어 신년 시무식이 있던 4일 아침에 임명장을 받고 곧이어 시무식이 열렸기 때문에 자연스럽게 이임하는 남덕우 총리와 새로 임명된 유 총리가 한자리에 있게 되었다. 재경在京 1급 이상 공무원들이 시무식과 신년 하례식 참석차 중앙청 제1회의실(헐린 중앙청 자리)에 모인 자리에서 우리나라 역사상 최초로 국무총리 이취임식이 거행되었다.

이날을 계기로 국무총리 이취임식이 정착되어 오늘에 이르고 있으나 그동안 국무총리 이취임에는 몇 가지 특이한 사항이 있었다. 이 이전에는 국무총리 경질이 있을 때 신구 총리들은 물론 개인적으로 친분이나 안면이 있었겠지만 대개 신임 총리가 임명장을 받은 날이나 그 이튿날에 전임 총리가 총리실로 방문하여 신임 총리와 잠시 인사를 나누고 차를 한 잔 하는 형식으로 인수인계 절차를 마치는 것이 관례였다.

그러나 최초의 국무총리 이취임식 보고를 받은 당시 전두환 대통령은 "앞으로 국무총리 이취임식은 격에 맞도록 장중하게 치르라."는 지시를 내려 그해 6월 25일 유창순이 퇴임할 때는 이취임하는 두 총리가 3군 의장대를 사열하는 의식까지 거행했다. 이렇게 국무총리 이취임식에 3군 의장대 사열까지 등장한 것은 군지휘관의 이취임식을 모방한 것으로 당시 군사문화의 일면이 그대로 반영된 것으로 볼 수 있다.

당시 유창순은 도열한 장·차관들과 일일이 악수를 나누고 군악대의 '이별가' 연주 속에 중앙청을 떠났는데, 영화의 한 장면을 연상케 했다.

3군 의장대가 동원되는 국무총리의 이취임식은 군지휘관의 이취임식과 같다는 지적에 의해 한 번으로 끝나고, 다음부터(1993. 10. 15 김상협 총리 퇴임)는 총리실이 있는 정부종합청사 19층 대회의실에서 이취임식이 대개 거행됐다. 이취임식은 보통 30분 이내로 끝나지만 이 자리에는 신임 총리의 포부와 시정 방향이 나타나기 때문에 공무원들은 큰 관심을 보이게 된다. 신임 총리가 발표되면 총리실(공보비서관실)에서는 신임 총리의 취임사를 준비하게 된다. 대개의 경우 비서실장과 공보비서관이 신임 총리의 집을 찾아 인사를 하고 취임사에 담을 내용을 구술해서 문장화하면 그것을 낭독하는 것이 관례였으나 김상협 총리의 경우는 특이했다.

김상협은 40여 년을 대학강단에서 강의(정치학)를 한 학자이며 그의 인품, 가문, 배경 등으로 인해 총리 발탁에 국민의 관심이 쏠렸기 때문에 그의 취임 소감이나 시정 방향은 크게 주목을 받았다.

개각 발표 직후 관례대로 비서실장(조영길趙英吉)과 공보비서관(정연춘鄭然春)이 찾아와 인사를 하고 취임사 문제를 상의하자, "그것은 내가 알아서 할 테니 걱정하지 말라."고 하여 총리실에서는 그의 경력과 경륜을 보아 큰 기대 속에 기타의 행사준비만 했다.

취임식장에서 김상협은 준비한 원고를 낭독하는 가운데 이제까지의 총리취임사와는 색다른 어휘가 계속되어 참석자들의 주의를 끌었다. "만약 우리 사회에 막힌 곳이 있다면 이를 뚫어주고, 맺힌 데가 있다면 이를 풀어주고, 굽혀진 것이 있다면 이를 바로 펴가면서 서로가 신뢰하고 이해할 줄 알 때, 우리는 어려운 고비를 쉽게 넘길 수 있으며 나라의 발전과 성장도 이룩될 수 있다고 생각합니다."는 요지의 취임사를 해, 한동안 김상협의 취임사가 관가官街에 유행어가 됐다.

이 취임사는 본인이 직접 썼는지 당시 김상협 주변에 있던 제자들이 썼는지는 밝혀지지 않았다. 그러나 그가 퇴임할 때 언론과의 인터뷰에서 스스로 업적을 평가한 내용은 많은 점을 시사해주고 있다.

재임 1년 4개월 동안 '무엇을 뚫고 무엇을 폈느냐?'는 질문에 "한 군데 뚫으면 다른 데가 막히고 문제는 계속되더라, 역사란 그런 것 아니냐."면서 굳이 뚫은 것이 있다면 취임 초 불가능해 보이던 경제불황이 누구의 노력에 의해서건 극복된 것이 아니겠느냐고 자평했다.

당시 신군부 세력을 중심으로 한 권력핵심 세력의 정권 주도가 일반 국민 정서와는 거리를 두고 강력히 추진되었는데, 김상협의 "막힌 곳을 뚫는다."는 취임사는 권력 주도 세력과 국민과의 통로 역할을 자임함으로써 국민 화합에 노력하겠다는 뜻으로 해석되어 국민의 기대와 환영을 받았다.

그 후로도 총리의 이취임식은 으레 개각 발표 이튿날 정부 제1종합청사 19층 대회의실에서 재경在京 3급 이상 공무원이 참석한 가운데 거행되었으나, 특별한 경우에는 이임식과 취임식이 따로 따로 열리는 때가 있었다.

노신영 총리가 취임할 때(1985. 2. 19) 퇴임하는 진의종陳懿鍾 국무총리는 와병으로 참석지 못해 취임식만 했는데, 진의종은 전날 측근을 통해 "국가적으로 매우 중요한 시기에 뜻하지 않은 병고로 책무를 다하지 못하고 떠나게 된 것을 매우 송구스럽게 생각한다."는 요지의 퇴임사만을 발표했다.

그 후 제6공화국에 들어와 이회창 총리의 경우 이임식만 먼저 하고 후임 이영덕 총리는 국회 동의 절차를 밟지 못해 일주일 후에 취임식을 별도로 했다. 이러한 과정으로 살펴볼 때 당시 이회창의 경질이 얼마만큼 촉박하게 전후사정을 고려하지 않고 단행되었는지를 알 수 있다.

국민의 정부에 들어서 김종필 총리 내정자에 대한 국회의 동의가 이뤄지지 않자 고건 총리가 이임식(1998. 3. 3)을 한 뒤 김대중 대통령은 김종필을 국무총리서리로 임명하였고, 이튿날 별도로 서리 취임식을 가졌다.

그 후 국민의 정부에서는 취임식과 이임식을 함께 하지 않고, 전임자가 이임식을 먼저 하고 떠나면 후임자의 취임식이 거행되었다. 다만 서리로서 국회 임명동의를 받지 못한 장상, 장대환은 취임식만 하고 국회에서 임명동의안이 부결된 즉시 사표를 제출하고 떠났기 때문에 별도의 이임식은 하지 않았다.

참여정부의 경우에도 고건 총리가 퇴임하고 한동안(15일) 후임 총리를 결정하지 않아 총리의 이취임식을 별도로 거행하였으며, 이해찬과 한명숙, 한명숙과 한덕수의 경우도 이취임식을 별도로 했다.

이명박 정부에서 한승수와 정운찬의 이취임식은 전현직이 서울대 교수 출신으로 사적인 친분이 있어 전임자가 국회 임명동의를 받을 때까지 일을 하기로 약속해서 이취임식을 같이했고 정운찬이 떠나고 김황식이 취임할 때까지는 공백이 길어 이취임식을 별도로 하게 되었다.

Ⅱ. 국무총리의 생활

제1장 국무총리 재임 기간

건국 후 정홍원鄭烘原 국무총리까지 66년 동안 국무총리(내각수반·서리 포함) 인사 발령은 모두 52번(허정許政과 백한성白漢成의 서리 임명은 포함시키되, 신병현申秉鉉 직무대행은 계산에서 제외)이었다. 그중에서 국무총리 제도가 없었던 1954년 11월부터 1960년 4월까지 약 6년을 제외하면 59년 동안에 52번의 인사가 있었던 셈이다. 그중에서 서리로 임명됐다가 국회 동의를 받아 총리로 발령 받은 사람은 계속 재임으로 간주하고, 장면 총리 당시 서리 발령을 받은 허정이나 변영태 총리 당시 서리 발령을 받은 백한성의 재임기간을 장면·변영태 양 총리가 계속 재임한 기간으로 계산하며 인사청문회 전에 사퇴한 김태호, 김용준, 안대희를 제외하면 국무총리의 평균 재임기간은 1년 남짓하다.

이렇게 국무총리가 자주 바뀌는 이유는 정치적 변혁이나 제도개혁에 의한 이유뿐 아니라 대통령과의 정치적 갈등이나 사건 사고에 책임을 지고 총리가 물러나는 경우 등 여러 가지 이유에서 비롯된다.

국무총리의 재임 기간을 살펴보면, 헌정사상 최장수의 국무총리는 정일권(제9대)으로 재임 기간이 6년 7개월이며, 최단명의 국무총리(서리)는 이윤영, 백한성 등으로 11일간이다. 이윤영은 장면 총리(제2대) 사임(1954. 4. 24) 후부터 장택상 총리(제3대) 취임(1954. 5. 6) 전까지이며, 백한성은 1954년 11월 18일 발령을 받아 국무총리제도가 없어질 때(1954. 11. 29)까지 11일간이다.

그 외에 재임 기간이 긴 장수 총리는 김종필(제11대) 4년 6개월, 최규하(제12대) 4년 등이며, 2년 이상 재임한 총리는 노신영(제18대) 2년 3개월, 강영훈(제21대) 2년 1개월, 김황식(제41대) 2년 5개월 등이다.

1년 이상 재임한 총리는 이범석(제1대), 장면(제2대), 백두진(제4대), 김현철(내각수반), 남덕우(제14대), 김상협(제16대), 진의종(제17대), 정원식(제23대), 이홍구(제28대), 이수성(제29대), 이해찬(제36대), 한승수(제39대), 정홍원(제42대) 등이다. 이 중에서 장면은 제7대(제2공화국) 총리 10개월, 백두진은 제10대(제3공화국) 총리 6개월 등 두 번에 걸친 총리 재임 기간을 모두 합치면 2년 이상이 된다. 김종필은 11대와 31대 기간을 합치면 6년 6개월 남짓으로 정일권과 비슷하고 고건은 30대와 35대 기간을 합쳐 2년 2개월 재임했다.

그리고 단명 총리는 앞서 지적한 이윤영, 백한성 서리 외에 박정희(내각수반, 20일), 장도영(내각수반, 42일), 이한기(서리, 48일), 허정(제6대, 2개월 3일), 박충훈(서리, 3개월 10일), 이회창(제26대, 4개월 4일), 현승종(제24대, 4개월 16일), 최두선(제8대, 4개월 22일), 노재봉(제22대, 4개월 27일), 변영태(제5대, 5개월), 장택상(제3대, 5개월), 신현확(제13대, 5개월 8일), 유창순(제15대, 5개월 20일), 정운찬(제40대, 10개월 18일) 등이다. 그 외는

6개월 이상 1년 미만 재임한 총리로 신성모 서리, 송요찬 내각수반, 김정렬(제19대), 이현재(제20대), 황인성(제25대), 이영덕(제27대), 김석수(제34대), 한명숙(제37대) 등이고 고건高建(제39·35대)은 두 번에 걸쳐 1년 남짓씩 재임했다.

제2장 국무총리의 퇴임退任과 거취去取

1. 국무총리의 퇴임退任 이유

국무총리의 해임은 원칙적으로 임명권자인 대통령만이 할 수 있다. 예외적으로 제1공화국 당시 발췌拔萃개헌으로 민의원에게 국무원 불신임 결의권을 부여했고, 제4·5공화국 헌법에서도 국회에 국무총리에 대한 불신임 의결권을 부여했으나, 건국 이후 지금까지 국회의 해임 의결에 따라 총리가 퇴임하는 예는 한 번도 없다.

따라서 역대 총리는 대통령에 의해 해임되었으며(제7대 장면 총리 제외), 그 이유는 여러 가지로 분류해볼 수 있다.

이처럼 대통령중심제 정부 아래서 실권이 없는 국무총리에게 정치적 책임을 물어 해임하는 것은 대통령 스스로가 책임을 회피하는 행위라고 보는 견해도 있으나, 1983년 10월 아웅산 테러 사건 등에 책임지고 물러난 김상협金相浹 총리는 사의辭意를 표하면서 "옛날 과거科擧를 보러 가려면 몇 번이나 말을 갈아타고 가야 하듯, 지친 말은 새 말로 갈아타야 한다."고 임명권자인 전두환 대통령에게 진언한 바 있다고 밝힌 바 있다.

그러나 임명권자인 대통령의 의지와는 관계없이 정치적 변혁에 따라 불가피하게 자리를 물러나는 경우나 본인 스스로 대통령의 입장을 고려하여 사임하는 경우도 있다.

일반적으로 나타나는 국무총리의 퇴임 사유를 살펴보면 ① 대통령과의 정치적인 갈등이나 대립, ② 정치적 국면전환을 위한 경질, ③ 정치 변혁이나 제도 변경, ④ 사건 사고에 대한 정치적 문책, ⑤ 신병 등 기타 사유 등으로 나눠볼 수 있다.

1) 대통령과의 정치적 갈등으로 퇴임한 예

우선 대통령과의 정치적 갈등이나 대립 관계에서 총리직을 물러난 사람은 이범석(1대), 장면(2대), 최두선(8대), 이회창(26대) 등으로 볼 수 있다.

이범석은 국내에 정치적 기반이 없었지만 독립운동가로서의 명성과 그가 조직한 민족청년단을 기반으로 하여 차츰 세력을 확장해나갔다. 특히 국방장관을 겸임하게 되어 건군建軍 과정에서 그의 측근 인사들이 군 요직에 배치됨으로써 반대 세력들에게 구실을 주게 됐다.

이범석 국방장관의 비서실장을 지낸 강영훈 전 국무총리는 이승만과 이범석과의 관계에 대해 다음과 같이 회상했다.

> 국방부 기구 구성 과정에서 핵심 요직에 중국에서 철기鐵驥(이범석의 호)와 동고동락한 광복군 동지들이 배치되자 평소 철기를 시기 질투하던 인사들(허정, 윤보선, 신성모, 오위영吳緯泳 등)은 '이범석이 쿠데타 음모를 한다.'는 중상모략을 이 박사께 전하여 이 박사로부터 정치적으로 오해를 받게 되었다.

이 와중에서 이승만은 1948년 12월 19일 민족청년단 해산 명령을 내리고 이어 이범석의 국방장관 겸임을 해제시켰다(1948. 3. 21).

이범석은 재임 시에 북한군의 남침 가능성을 염려하여 수시로 이승만에게 보고했으나 이승만은 그때마다 "그러면 북진 통일하지."라고 대수롭지 않게 생각했으며, "주변 사람의 희생을 예방하기 위해 총리직을 그만두었다."고 늘 말해왔다고 이범석의 회고록 ≪우둥불≫ 집필에 관여한 한 측근이 전했다. 또한 "철기는 이승만에게 실컷 이용만 당하고 내쫓긴 격이 됐다."[18]는 김정례金正禮의 평가도 있지만, 이범석은 총리를 그만두고서도 자유중국 대사, 내무부장관, 원외 자유당 부당수 등 한동안 이승만과 정치 행로를 같이 했다. 하지만 1952년 8월 5일 정부통령 선거에서 이승만에게 버림받아 함태영咸台永에게 부통령 자리를 빼앗기는 아픔을 안고 그는 영원히 이승만과 갈라서고 말았다.

다음으로 장면 총리 역시 정치적으로 이승만에게 시련을 당하고 총리직을 사퇴했다. 장면은 주미대사로 있으면서 총리 임명을 받아 귀국은 다음 해에 했기 때문에 그해 11월 파리 유엔 수석대표로 가기까지 국내에 있던 기간은 불과 9개월이었지만 이승만의 직선제 개헌 의지와 충돌하여 정치적 시련이 시작되었다. 6·25 전쟁 이후 국내외 정세로 보아 이승만은 국회에서 선출하는 대통령 선거제도에서는 재선이 어렵다는 판단 아래 직선제 개헌을 시도했다. 그러나 국회에서는 전쟁의 참화 속에서 대통령 선거를 직선

18) 철기 이범석기념사업회, ≪철기, 이범석평전≫, 1992, p.180.

제로 할 수 없다는 여론과 함께 다음 대통령은 장면 총리일 수밖에 없다는 공기가 돌면서 김영선金永善, 서범석徐範錫, 정헌주鄭憲柱 등이 적극적으로 나섰다.

장면이 유엔총회 수석대표로 파리로 떠나자, 비서실장인 선우종원鮮于宗源을 중심으로 장면의 대통령 만들기 작업이 본격화되었으나 장면은 파리에서 신병(간염)으로 입원하게 되고, 회의가 끝난 뒤에도 건강상의 이유로 하와이와 도쿄를 거쳐 1952년 4월 1일에야 귀국했다.

그동안에 국내에서는 1951년 12월 대통령직선제 개헌안이 국회에서 제출되어 다음 해 1월 18일 표결에 붙였으나, 재석 163명 중 찬성 19표, 반대 143표, 기권 1표의 압도적 다수로 부결되었다. 야당은 현행대로 대통령 선거를 먼저 하고(1952. 6. 2) 다음에 개헌을 한다는 방침 아래, 개헌 통과선인 123명의 서명을 받아 1952년 4월 17일 내각제 개헌안을 국회에 제출했다.

귀국하여 침묵을 지키고 있던 장면은 20일 "내외정세가 복잡다단한데 그동안 장기간 와병으로 직무를 다하지 못하여 괴로운 일이며, 그동안 누차 고려해왔는데 마침 정부 형편도 있는 듯하여, 이제 그 직을 사辭한다."는 성명을 발표하자, 언론으로부터 "6월 대통령 선거를 앞두고 사의를 표명하는 것은 의미심장하다."는 평을 받기도 했다.

당시 사퇴 성명은 부산 초량草梁초등학교에 있던 미군美軍 병원에서 발표되어 그날로 서울 경무대에 있던 이승만에게 전달되었으며, 장면은 그 후 이른바 5·26 부산정치파동 때도 이 병원에서 '보호조치'를 받았다.

장면은 그 후 1956년 정부통령 선거에서 민주당 부통령으로 당선되어, 이승만 대통령 밑에서 '저격 사건'을 당하는 등 '서러운' 부통령직을 수행하면서 영원한 정적政敵의 길을 걷게 된다.

박정희朴正熙 대통령이 제3공화국을 출범시키면서 초대 총리로 삼고초려三顧草廬 끝에 영입한 최두선崔斗善은 재임 144일 만에 사임했다. 정권 출범 초기의 어려움도 있었지만 가중되는 경제문제는 최두선 내각의 입장을 난처하게 만들었다. 한일회담 반대 데모, 치솟는 물가고, 식량문제, 그리고 환율인상 등 난제들이 겹쳐지자 박정희는 국면전환을 위해 개각을 고려하기 시작했다.

마침 공화당에서는 책임정치 구현을 명분으로 각료의 당원화를 내세웠고, 이러한 분위기에 맞춰 박정희도 경제각료의 개편을 고려하겠다는 의사표시를 하게 되었다.

이러한 분위기가 무르익어 가자 최두선은 취임 이래 방탄防彈내각이라는 평을 받으면서 나름대로 최선을 다했지만 한계를 느끼게 되었다. 그러나 내심으로는 당(공화당)에서 내각에 대해 간섭하는 것이 못마땅했고, 이와 같은 당의 분위기에 심정적으로 동조하는 박정희에게 불만이 있을 수밖에 없었다.

그래서 최두선은 경제부처 개각설이 나돈 직후 1964년 5월 9일 아침 박정희를 만나 개각을 반대하고 자신의 뜻이 받아들여지지 않자 당일 오후 임시 국무회의를 열어 내각의 일괄 사표를 제출했다.

최두선 내각의 갑작스런 퇴진으로 박정희는 내각의 친정화親政化에 박차를 가했고, 후임 정일권 국무총리는 공화당에 입당하여 당정 협조체계가 본격화되기 시작했다. 최두선의 퇴임은 앞서 설명한 이범석이나 장면의 경우와 같이 정치적 대립이나 오해에서 비롯된 것이 아니고 다분히 혁명세력 주체들과의 동질성 결여에서 오는 감정적인 면이 내재되어 있다는 점에서 근본적으로 다르다고 볼 수 있다.

김영삼 대통령 정부에서 있었던 이회창(26대) 총리의 경질은 역대 총리 인사 중에서 가장 전격적으로 이루어져 대통령과 총리 사이에 정치적 갈등의 표본으로 기록될 수 있다. 원래 이회창은 법조계에서 30년을 지내온 원칙주의자이고, 이에 반해 김영삼은 한국적 정치풍토에서 산전수전山戰水戰을 다 겪은 현실주의자이다. 두 사람의 만남도 피차가 객관적인 평가에 의한 해후邂逅였기 때문에 상대방의 내면에 대한 본질적인 이해가 없었던 것이 사실이다.

1993년 김영삼 대통령이 취임하기 1개월 전쯤 처음으로 만나 이회창에게 감사원장을 맡아달라고 요청했으나 이회창 측에서 선뜻 응하지 않은 데서 최초의 만남은 흡족하지 않았다. 그러나 이날을 계기로 이회창은 결국 김영삼 정부의 감사원장으로 발탁되어 8개월 동안에 직전 정권(전두환, 노태우)에서 있었던 각종 비리사건(율곡비리, 평화의 댐, 12·12 사건)을 특별 감사하였다. 이런 가운데 김영삼은 전두환, 노태우 두 전직 대통령 부문은 역사의 심판에 맡기고 사법 처리 대상에서 제외시키자는 입장이었다. 그러나 이회창의 생각은 달랐고, 그 후 총리에 임명된 뒤부터는 이회창이 법에 보장된 위치를 확보하려는 노력이 곳곳에서 나타났다.

이회창은 각 부처 새해 업무보고부터 청와대에 보고하기 전 종래 예행연습 성격을 벗어나 본격적으로 챙기기 시작했고, 관변단체官邊團體에 대한 국고지원금 삭감문제를 총리실 주관으로 처리했으며, 국가안전기획부가 관장하고 있는 안가安家에 대한 실태를 보고하도록 지시했고, 시도지사회의를 소집해서 내무부장관과 상의 없이 훈시를 하기도 했다.

이러한 일련의 일들은 역대 어느 총리 시절에도 없었던 적극적인 행동으로 청와대 주변에서는 총리실 움직임을 주시하게 되었다.

이러한 분위기 속에서 몇 가지 계속되는 사례는 급기야 청와대의 심기를 건드려 결별이라는 최악의 사태로 발전하고 말았다.

1994년 새해 들어 발생한 낙동강 수질오염문제는 국무총리의 사과성명을 발표하게 했고, 우루과이라운드(UR) 이행각서 조작 사건으로 농수산부장관이 경질된 데 대한 국무총리의 사과성명 발표가 문제로 제기됐다. 낙동강 수질오염사태에 대한 사과성명이 있은 지 얼마 안 되어 또다시 사과성명을 발표하라는 청와대의 지시에 마음이 내키지 않은 이회창은 성명 내용을 고쳐 읽음으로써 청와대에 대한 지나친 저자세 모습을 보이기 싫어했다. “결과적으로 대통령과 국민을 속인 일”을 “고친 것처럼 비친 데 대해”로 수정 낭독했던 것이다.

또한 이회창은 김영삼 대통령이 일본·중국을 방문하고 있을 때

안보장관회의를 소집하고 국방부를 방문하는 등 안보문제에 적극적인 관심을 표명했고, 안기부장을 불러 업무보고를 받는 등 전에 없던 일을 예사로 하는 데 대해 청와대 비서진과 권력핵심에서는 곱지 않은 시선을 보낸 것이 사실이었다.

그러던 중 대북對北 정책 등 대외 문제에 대한 관계부처 간의 의견조정을 위해 정부 내에 구성된 통일안보조정회의 운영 문제가 결정적으로 불거졌다. 청와대, 안기부, 통일원, 외무, 국방 등 관계기관장들이 참석하는 이 회의에 당초에는 총리실이 배제되었다가 총리실의 이의異意 제기로 2차 회의부터는 비서실장이 배석했으나, 여기에서 결정되는 주요 정책들에 총리의 의견이 반영되지 않은 채 발표되자 이회창의 불만은 커져갔다.

이회창으로서는 통일원이나 외무부, 국방부 등이 내각에 있는 한 그 정책은 총리를 배제하고 발표될 수 없다는 신념에서 이 뜻을 공보비서관을 통해 발표하게 하고 김영삼 대통령과의 주례회동에서 이 문제를 정식으로 제기한 것이다. 이 문제는 이회창 총리 취임 이후 앞에서 지적한 일련의 사례들과 상승작용을 일으켜 김영삼의 심기를 결정적으로 불편하게 만들었다고 볼 수 있다.

당시의 언론보도에서는 50분간 면담 중에 고성高聲이 흘러나왔고, 이회창은 청와대에서 총리실로 오는 도중에 총무처 장관에게 사표 준비를 지시했다고 한다.

이처럼 전격적으로 이뤄진 김영삼과 이회창의 결별을 놓고 한동안 청와대와 민자당에서는 '총리 경질'이라고 해석했고, 총리실에서는 '총리의 사임'이라고 설명하는 등 엇갈린 주장을 했다. 총리의 '경질'이든 '사임'이든 이회창의 퇴임은 대통령과 국무총리가 충돌하면서 결별한 것으로 한국 국무총리 역사상 기록될 만한 사건으로 이를 계기로 한동안 대통령중심제의 정부형태에서 국무총리 제도의 필요성 여부가 광범위하게 거론되기도 했다.

그러나 이회창은 결별한 지 2년이 채 못돼서 김영삼 총재에 의해 신한국당으로 영입되어 대표위원직을 맡아 당 총재와 대표위원의 자격으로 또 주례회동을 했을 뿐 아니라, 그 후 이회창이 제15대 대통령 후보가 되어 김영삼의 탈당을 요구했고, 당을 떠난 김영삼은 끝내 이회창에게 비협조적이었다. 이처럼 두 사람은 서로를 이용하였다는 점에서 특이한 관계였다.

2) 정치적 국면전환을 위한 퇴진

다음으로 정치적 국면전환을 위해 총리를 경질한 케이스는 장택상(3대), 정일권(9대), 백두진(10대), 남덕우(14대), 강영훈(21대), 정원식(23대), 황인성(25대), 이영덕(27대), 이홍구(28대), 이한동(33대), 고건(35대), 한명숙(37대) 등으로 볼 수 있다.

이들 총리와 퇴임 시 상황을 살펴보면 장택상의 경우 이른바 발췌拔萃개헌안을 통과시켜 이승만을 국민직선으로 대통령에 재선시키는 등 정치적 역량을 발휘했으나, 이승만의 입장으로서는 자신의 정치적 목적을 달성한 이상 당시 가장 시급한 문제인 6·25 전후戰後 복구사업을 추진하기 위해 경제통인 백두진을 기용하기 위해 장택상을 퇴진시킬 수밖에 없었다는 것이 일반적인 해석이다. 물론 퇴임 직전에 일제 때 경성부윤京城府尹을 지냈으며 6·25 때 전시물자 수송을 했던 후루이치(古市進)가 비밀리에 장택상을 만난 것이 정치적으로 문제가 되어 퇴임의 표면적인 이유가 된 것은 사실이다.

정일권 총리는 최장수의 재임 기간을 누린 총리로서 한일국교 정상화, 국군의 월남越南 파병, 경제개발 등 박정희 대통령의 초기 정책목표를 달성하는 데 기여했으나, 경제·사회가 안정기에 접어들었고 총선거와 대통령 선거를 앞두고 박정희는 백두진을 기용했다. 백두진 총리 역시 8대 국회의원 선거와 7대 대통령 선거를 치른 뒤 야당세의 약진 등 정치 상황이 바뀌자 선거내각으로서의 임무를 마치고 퇴임했다.

제5공화국의 남덕우 총리는 1980년도의 어려운 정치경제 여건 아래서 절박한 현안인 경제문제의 해결을 위해 등용되었으나, 그의 안정적 성장이론과 소극적 태도가 당시 집권세력에게 개혁의지의 부족으로 이해되어 1년 3개월 만에 경질되고 말았다.

제6공화국의 강영훈 총리는 그의 강직한 성격과 준법정신에 따른 업무집행으로 내각을 장악하여 비교적 장수했으나, 1990년 3당 합당으로 정치권에 새로운 기류와 권력체계가 성립되어 노태우 대통령 입장에서는 내각의 친정체제 구축의 필요성을 느끼지 않을 수 없게 되었다. 따라서 비서실장인 노재봉을 총리로 기용하기 위해 강영훈는 별다른 하자 없이 퇴임하게 되었다.

정원식 총리는 학원사태의 현장에서 봉변을 당하는 등 고초를 겪으면서 노력했으나, 노태우 대통령이 집권당(민자당)을 탈당하면서 대통령 선거에 중립을 선언하자 거국내각 구성의 추세에 따라 현승종 총리에게 자리를 물려주었다.

김영삼 정부의 황인성 총리는 개혁을 표방한 정부의 첫 총리로 임명됐으나, 그의 과거 역대 정권에서의 경력과 우루과이라운드 문제의 조속한 타결로 새 정부의 입장이 곤란해지자, 우루과이라운드 타결에 따른 쌀수입 등에 대한 정치적 책임을 지고 퇴임하지 않을 수 없었다.

이영덕 총리는 김영삼 대통령이 제창한 세계화 등 새로운 정책 수립을 위한 개각에 포함됐으며, 뒤를 이은 이홍구 총리 역시 김영삼이 추진하는 '역사 바로 세우기' 작업과 관련하여 제6공화국에 참여했던 전력 때문에 밀려났다고 볼 수 있다.

국민의 정부에서 이한동 총리는 김대중 대통령의 차남이 뇌물사건으로 구속되고, 16대 대통령 선거를 공정하게 치르기 위해 중립내각 구성을 요구하는 정치권의 분위기에 맞춰 사임했다. 참여정부에서 고건 총리는 노무현 대통령의 탄핵소추가 헌법재판소에 의해 기각되자 정치권 국면전환을 위해 사임했으며, 한명숙은 노무현 대통령이 열린우리당 탈당으로 내각의 탈정치 구현이라는 측면에서 당으로 복귀했다. 이명박 정부에서 정운찬 총리는 세종시 수정안에 대한 국회 동의를 얻지 못해 사퇴했으며, 박근혜 정부에서 정홍원 총리는 세월호 참사로 사의를 표명하고 2개월 이상 잔무처리를 했다.

3) 정치 변혁과 제도 변경에 따른 사임

우리 헌정사에서 커다란 정치 변혁은 4·19에 의한 자유당 정권의 궤멸, 5·16 군사 쿠데타에 의한 민주당 정부의 붕괴, 그리고 10·26에 의한 공화당 정권의 종말 등으로 볼 수 있다.

따라서 당시의 국무총리들은 정치적 소용돌이 속에서 한정된 역할을 하고 물러나게 된다. 앞에서도 설명한 바와 같이 4·19 후 허정(6대)은 수석 국무위원(외무부장관)으로서 내각수반의 역할을 하다가 신헌법에 의해 국무총리를 2개월간 했다. 그동안에 대통령권한대행을 2번이나 하면서 장면(7대)에게 총리직을 넘겨주었으나, 장면 역시 취임 8개월여 만에 5·16에 의해 비극적인 종말을 맞게 된다.

1979년 10·26 사건으로 총리직에서 대통령 권한을 맡은 최규하는 4년 가깝게 국무총리에 있으면서 박정희 대통령을 충직하게 보좌했으나, 불의의 사태로 대통령직에 올라 신현확 총리에게 바통을 넘겼다. 신현확은 또 5개월 만에 1980년 5·18 사건으로 사임했다. 신현확 후임인 박충훈은 국무총리서리로 3개월을 지낸 끝에 전두환 정권 출범과 함께 남덕우에게 자리를 넘겨주어, 1979년 말부터 1980년 9월까지 9개월 동안에 총리가 4번이나 바뀌는 격동의 시기가 있었다.

그 의에 변영태(5대) 총리는 헌법에서 국무총리 제도가 삭제되는 개헌(2차)으로 취임 5개월 만에 외국출장(제네바) 중에 자리를 잃었고, 김정렬(5공화국), 현승종(6공화국), 고건(김영삼 정부) 총리는 대통령 임기 마지막 총리로 끝마무리를 했다. 5·16 군사정부의 마지막 내각 수반인 김현철 역시 민정 이양과 함께 퇴임했다.

4) 사건 사고에 대한 문책

정권의 안정을 위협하는 사건 사고에 책임을 지고 국무총리가 경질되는 경우는 자유당 집권 당시 장택상 총리의 후루이치(古市進) 사건과 백두진 총리의 간장 사건 등이 있었으나, 그것은 표면적인 이유였으며, 총리가 사건 사고에 직접적인 책임을 지고 경질된 것은 제5공화국부터 관례화되다시피 했다.

1932년 초부터 문제가 된 이철희·장영자 어음 사건과 그해 5월 경남 의령 경찰서 순경 총기 난사 사건 등이 일어나자, 당시 전두환 대통령은 유창순 국무총리 이하 관계장관을 경질하여 국면전환을 꾀했다. 그 후 1983년 10월 버마 아웅산 테러 사건이 일어나자 김상협 총리를 경질했고, 박종철 고문 치사 사건에 대한 책임을 물어 노신영 총리를 경질했다.

김영삼 정부에서는 각종 사건 사고가 자주 일어났지만 즉시 국무총리에게 책임을 묻지는 않았으나, 한보韓寶 사건과 관련해서는 국무총리와 당 대표를 한꺼번에 경질하는 처방으로 1차적인 대처를 했다. 이수성 총리가 이에 해당되는데, 그는 퇴임하는 날짜까지 예견하고 국회의 대정부질문 과정에서 여유 있게 퇴임인사를 하여 국회의원들로부터 박수까지 받았다.

박근혜 정부에서도 정홍원 총리가 세월호 참사에 책임을 지고 물러났다.

5) 신병이나 기타 사유로 퇴임하는 사례

신병을 사유로 퇴임한 총리 가운데 진의종만이 직접적으로 여기에 해당되고, 김종필이나 이한기는 표면적으로 '건강상 이유'를 내세웠지만 다른 이유들이 더 큰 원인이 되었다고 볼 수 있다.

김종필은 박정희 대통령과의 특수한 관계(조카사위)뿐만 아니라 생명을 건 혁명 주체 세력으로 박정희와는 애증이 겹친 정치적 동반자였다. 김종필은 취임하자마자 사법파동, 광주廣州 대단지 난동 사건 등이 터져 시련을 겪기 시작했고, 남북대화, 김대중 납치 사건, 유신 등 엄청난 정치적 사건들이 일어났지만 국내외적으로 이를 수습해냈다.

그러나 1975년 8월 15일 박정희 대통령 영부인 육영수 여사가 비명에 간 후 김종필 총리의 내외적 활동이 자주 언론에 보도되는 등 그의 움직임이 활발해지자 이른바 '포스트 박'에 신경을 써온 청와대 측근들은 신경을 곤두세우기 시작했다. 그래서 그해 가을(10월경) 청와대 측근들이 총리 보좌진들을 불러 총리 내외의 동정에 신중을 기할 것을 경고하는 사태까지 일어났다. 이를 기화로 김종필은 1인 절대권력자 밑에서 후계자로 지목된다는 것이 어떤 시련인지를 실감하고 자신의 한계를 느끼기 시작한 듯했다.

약 2개월 지난 후 김종필은 지방 출장을 다녀온 끝에 갑자기 '건강상의 이유'를 내세워 사임하고 말았다. 김종필이 퇴임하던 날

기자회견에서 “본인의 퇴임은 정계 개편 등과는 무관하고 건강상의 이유이다.”라고 강조하면서 “하루하루가 새로운 일들이었으며 모두가 힘들고 어려운 일들이었다. 늘 느낀 것은 힘이 모자라고 왜 공부를 안 했던가 하는 점이며, 그 영속이 어언 4년이었다.”고 퇴임 소감을 밝혔다. 김종필은 자신이 겪은 교훈을 제5공화국 시절 2인자로 지목받은 노태우에게 말해준 것으로 전해지고 있다.

이 밖에 ‘건강상의 이유’를 내걸고 퇴임한 총리는 이한기이다. 그는 재야와 학생들의 반정부 시위가 한창이던 와중에 지병(당뇨)을 무릅쓰고 취임하여 격무에 시달린 탓으로 건강에 약간의 무리가 온 것도 사실이었다. 그러나 직접적인 사임 이유는 당시의 난국을 타개하기 위해 발표된 이른바 노태우의 6·29 선언 때문이었다. 이한기는 당일 아침 총리공관에서 관계장관 등을 모아놓고 시국대책회의를 하던 중 라디오를 통해 6·29 선언을 처음 알게 되었다. 정국상황을 완전히 바꿔놓는 이 선언이 발표되자 이한기는 허탈감에 빠질 수밖에 없었다. 그 후 이한기는 건강도 더욱 악화되어 공관으로 일찍 퇴근하기도 하였지만, 6·29 선언 이후 2주일 동안의 정신적 고통이 더 컸던 것으로 보인다.

이현재 총리의 경우는 제6공화국 첫 국무총리로 올림픽을 무사히 치르고 대두된 제5공화국 청산淸算 문제와 관련하여 전두환 대통령 내외가 백담사白潭寺로 간 것이 직접적인 사퇴 이유였다. 이현재는 새 정권 출범에도 직접 관련이 있는 직전 대통령이 정치적으로 유배되는 상황에서 총리가 대통령의 고뇌를 대신 맡아 물러

남으로써 현직 대통령의 입장을 정리해준다는 이유에서 사의를 표명했다고 했다. 따라서 이현재의 사임은 어떤 사건 사고에 책임을 지고 물러난 사례와는 구별된다.

노재봉 총리는 그의 적극적인 성격 때문에 '학자 출신 총리'라는 소리를 거부할 정도로 정치적 야망을 불태웠지만, 김영삼·김대중 양 김의 견제가 그의 퇴임의 원인遠因이 되었다. 그는 "광주사태는 김대중 씨의 외곽을 때리는 노련한 수법으로 발생했다."고 주장하여 당시 김대중에게 반격의 빌미를 주었으며, 대통령을 준비하던 김영삼 대표위원에게는 만만치 않은 상대로 인식되었다.

그래서 양 김 씨가 그의 언동을 주시하게 되었으며, 마침 강경대姜慶大 사망 사건이 벌어지고 TV 등 언론에 나타난 총리의 언동이 국민 정서에 맞지 않는다는 여론이 일자, 양 김씨로부터 협공을 받아 5개월 만에 하차하고 말았다. 노재봉의 퇴임을 둘러싸고 당시 김영삼 민자당 대표가 적극적인 입장을 취하자 노재봉 자신이 김영삼 대표 자택을 방문하여 구명운동을 하는 해프닝이 있었으나 결국 사퇴하고, 그 후 김영삼 정권 밑에서 서러운 세월을 보내다가 1996년 제15대 국회의원 선거에서 무소속으로 출마했다가 낙선하였다.

국민의 정부에서 박태준 총리가 도덕성 시비로 사임한 사례는 앞에서 설명했으며, 참여정부에서 이해찬은 3·1절에 부적절한 인사와 골프를 친 것이 직접적 원인이 되어 사임했다.

2. 퇴임 총리의 거취去就

만인지상萬人之上의 총리가 퇴임하면 갈 곳이 마땅치 않다. 가능하면 대통령 선거에 출마하는 것인데 성공한 예가 드물다.

조선조에도 퇴임한 영의정의 경륜을 활용하기 위하여 격에 맞는 자리를 생각해낸 것이 봉군封君과 봉조하奉朝賀 제도이다. 이들은 일정한 업무 없이 특별한 의식에만 참석하고 영의정보다 낮은 녹봉으로 제한된 일에 참여했다.

지금까지 국무총리직(내각수반, 서리포함)을 지낸 사람은 총 48명이다. 그중 24명이 고인이 되었고 24명이 생존해 있다.

총리를 지낸 다음에 공사公私 간에 어떠한 직책도 갖지 않은 사람은 건강상 이유로 칩거하다가 고인이 된 진의종뿐이다. 그 외는 모두 공사직에서 일을 하다가 고인이 됐거나 한동안 집에서 쉬다가 다시 활동을 시작하는 등 다양한 직책을 맡았다. 총리에서 물러난 뒤 갖는 직책은 대통령에서 학원 강사까지 다양하지만, 제5공화국 당시에는 총리직에서 물러나면 자동적으로 국정자문회의 위원이 되었다. 다만 진의종과 이한기만 건강상의 이유로 국정자문위원으르 위촉되지 못하였다.

총리를 지낸 뒤 대통령에 당선된 사람은 박정희, 최규하 두 사람으로 박정희는 내각수반을 지낸 후 계속 군사정권의 최고 실력자로 있다가 민정 이양과 함께 직선으로 대통령에 당선되었고, 최규하는 박정희 대통령의 시해 사건으로 총리직에서 대통령권한대행을 하다가 간선(통일주체국민회의)으로 대통령에 당선되었다.

대통령에 당선은 되지 못하였지만 역대 대통령 선거에 총리 출신 인사들이 후보로 나선 사례가 많다. 4·19 직후 민주당 정부에서 국회에서 대통령을 선거할 당시 변영태와 허정이 후보였으며, 5·16 후 민정 이양 시 5대 대통령 선거에 변영태와 송요찬이 입후보하였는데 송요찬은 도중에 포기하고 말았다.

그 후 13대(1987) 대통령 선거 당시 김종필이 신민주공화당 후보로 나섰으나 패배했고, 제15대 대통령 선거에 이회창이 출마했으나 패배했다. 제16대 대통령 선거에는 이회창, 이한동이 출마했다가 낙선했다. 부통령을 역임한 사람은 장면으로 1956년 정부통령 선거에 야당(민주당) 후보로 나서 당선되었으며, 이에 앞서 1952년 부통령 선거에 이범석, 장택상이 출마했으나 낙선했다.

국회의장을 지낸 사람은 백두진과 정일권이다. 백두진은 전국구 의원으로 1971년과 1979년 두 차례에 걸쳐 국회의장을 지냈으며, 정일권은 지역구 국회의원으로 1973년부터 6년간 국회의장을 지내 1970년대는 총리 출신들이 계속해서 국회의장을 차지했다.

총리를 2번이나 지낸 사람은 장면(2·7대)과 백두진(4·10대), 김종필(11·31대), 고건(30·35대)으로, 이렇게 보면 백두진은 우리 헌정사상 국회의장과 국무총리를 두 번씩 역임한 인물이다.

정당 대표를 한 사람은 허정(국민의 당), 정일권(민주공화당 의장), 김종필, 백두진(유정회 의장), 이홍구李洪九, 이회창李會昌(이상 신한국당 대표), 김종필, 박태준, 이회창, 이한동(이상 자민련 총재) 등이다. 김종필은 민주공화당(1979), 신민주공화당(1987), 자유민주연합(1996) 등 3당의 총재를 역임하는 특수한 정치인이기도 하다.

총리 퇴임 후 국회의원을 지낸 사람은 장택상, 장면, 정일권, 김종필, 황인성, 이해찬, 한명숙(이상 지역구), 백두진, 이회창, 이홍구(이상 전국구) 등이다.

국무총리 퇴임 후 자연스럽게 많이 가는 자리는 대한적십자사 총재 자리로 이 자리는 총리를 지낸 사람으로서는 누구든지 한번 해보고 싶은 자리로 꼽히는 곳이다. 최두선, 유창순, 김상협, 강영훈, 정원식 등이 역임했다.

또 역대 국무총리 출신들이 가는 자리는 한일 간의 여러 문제를 뒤에서 도와주는 한일협력위원회 회장 자리다. 백두진, 신현확, 남덕우, 유창순, 김정렬 등이 거쳐 갔고, 정일권은 한일협회장을 지냈다.

이 밖에 공직으로는 정신문화연구원장(현 한국학중앙연구원장, 이현재, 이영덕), 무역협회장(남덕우, 한덕수), 전경련회장(유창순), 학술원회장(이현재) 민주평통수석부의장(이수성) 등도 있다.

총리에서 물러난 뒤 외국대사로 나간 경우는 이범석(자유중국), 김현철(미국), 이홍구(미국) 등이며, 이범석은 대사에서 내무부장관으로 입각하는 특이한 경력의 소유자이기도 하다. 이범석이 이승만 대통령으로부터 버림받고 자유중국대사로 갔다가 내무부장관으로 부임하려 할 때 측근들은 이를 극력 반대했다. 그러나 이범석은 이를 수락하면서 "나라가 누란의 위기에 있을 때 자리의 높고 낮음을 따져 나라의 부름을 외면하는 것은 국가에 대한 불충이다. 이승만 박사께서 나에게 섭섭하게 한다 하더라도 내가 나서서 나라를 위기에서 구할 수만 있다면 나는 어떠한 수모도 기꺼이 감수할 수 있다."는 수락 이유를 발표하고 취임하여 이른바 부산정치파동을 치렀다.

第5공화국 당시 국정자문위원을 역임한 사람은 송요찬, 김현철, 허정, 신현확, 박충훈, 남덕우, 유창순, 김상협, 노신영, 김정렬, 정일권 등이다.

대학교수나 대학재단 관계의 일을 맡은 사람은 이윤영(신흥대학장, 현 경희대 전신), 김상협(고대 명예총장), 현승종(건국대 재단이사장), 변영태(서울대, 고대, 외국어대 강사, 시사영어학원 강사), 노신영(고려대 석좌교수), 노재봉(명지대 교수, 서울디지털대학 총장) 등이다.

이 밖에 개인기업체와 인연을 맺어 회장 자리나 고문으로 취임한 사람은 최두선(경성방직 회장), 신현확(삼성물산 회장), 황인성(금호그룹 고문), 유창순(롯데제과 회장), 노신영(롯데복지재단 이사장), 한승수(김앤장 고문) 등이다. 현승종(유니세프 한국위원회 회장) 김석수(법률사무소) 등은 국제기관이나 개인 사무실에서 일하기도 한다.

고건은 30대 총리 퇴임 직후 민선으로 서울시장에 당선되기도 했으며, 이해찬은 퇴임 후 현역 국회의원으로 있으면서 퇴임 장관들과 함께 대통령 정무특보로 임명되어 화제가 되기도 했다.

제3장 역대 국무총리의 인적 사항

건국 후 66년 동안 국무총리 자리에 앉았던 사람은 모두 48명이다. 이들 출신 배경으로 분류하면 학계 출신이 15명으로 제일 많고, 다음이 군인 출신으로 11명에 이른다. 특히 학계 출신은 5공화국 이후 많으며 군 출신은 역시 제3·4공화국에 많은 편으로 이것은 내각수반 4명 중 3명이 군 출신인 것도 숫자의 증가요인이 된다.

관료 출신은 모두 8명으로 비교적 많은 편이며, 백두진과 유창순은 은행 출신으로 금융인으로 분류했으나 넓은 의미에서는 관료 출신으로 분류될 수도 있다. 정치인 출신은 생각보다 적어 순수 정치인 출신으로 분류할 수 있는 사람은 장택상, 이해찬, 한명숙 세 사람이며, 장면도 정치인 출신으로 볼 수 있으나 그는 오랫동안 교육계에 있다가 뒤늦게(47세) 입법 의원으로 정계에 입문하여 학계 출신으로 분류했다. 초대 총리인 이범석도 순수한 군인으로 분류하기에는 이론이 있을 수 있으나 광복군 참모장을 지냈기 때문에 일단 군인 출신으로 분류했다.

이 밖에는 신성모 서리가 1등 항해사 출신으로 영국선박의 선장을 지냈고, 이윤영 서리는 목사 출신으로 이승만이 대통령 취임식 때 갑자기 이윤영에게 기도를 하도록 할 정도로 이승만과는 돈독했다. 최두선은 동아일보 사장을 지냈기 때문에 언론인으로 볼 수 있으나 경성방직 사장도 역임했다. 역대 총리 중 순수 대학총장 출신은 김상협(고려대), 이현재(서울대), 현승종(한림대), 이수성(서울대), 장상(서리, 이화여대) 정운찬(서울대) 등이다. 법조인 출신으로는 이회창, 이한동, 김석수, 김황식, 정홍원 등이다.

출신별 분류는 다음과 같다.

- 군인 : 이범석, 장도영(내각수반), 송요찬(내각수반), 박정희(내각수반), 정일권, 김종필, 박충훈, 강영훈, 김정렬, 황인성, 박태준
- 학계 : 장면, 변영태, 남덕우, 김상협, 이한기(서리), 이현재, 노재봉, 정원식, 현승종, 이영덕, 이홍구, 이수성, 장상(서리), 한승수, 정운찬
- 관료 : 허정, 김현철(내각수반), 최규하, 신현확, 진의종, 노신영, 고건, 한덕수
- 정치인 : 장택상, 이해찬, 한명숙
- 기타 : 장대환(서리)

1. 학력學歷

다음으로 국무총리들의 학력을 보면 대부분이 대학을 졸업했으나 군인 출신들은 군사영어학교나 기타 학교에서 공부한 예가 많

다. 특이한 현상은 일본육군사관학교 출신이 3명(박정희, 정일권, 김정렬)이나 되고, 비교적 고령인 사람들은 대부분 일본에서 대학이나 고등학교(대학상당)를 졸업한 예가 많다. 이 사실 역시 일본 식민지 역사의 부산물로 볼 수 있다.

그러나 이범석 총리 같은 사람은 중국으로 망명하여 그곳에서 중국 육군 강무학교 기병과를 졸업했다. 이 밖에 중국(만주)에서 대학은 다닌 사람은 변영태(중국 협화대 1년 수료), 최규하(만주 대동학원), 강영훈(만주 건국대) 등이며 박정희, 정일권도 만주군관학교를 다녔다.

국내 대학을 졸업하지 않고 미국 유학을 간 사람은 장면(맨해튼대), 김현철(컬럼비아대), 유창순(헤이스팅스대), 이홍구(에모리대), 장대환(뉴욕대) 등이다.

일본에서 대학을 나온 사람은 최두선(와세다대), 이한기(동경대), 김상협(동경대) 등이며, 현재 전문대학 상당의 고등학교 출신은 백두진(동경고상), 최규하(동경고사), 박충훈(경도 동지사고상) 등이다. 장도영은 동양대 재학 중 학병으로 중국전에 참전했다.

국내에서 대학을 나온 사람은 허정(보성전문), 신현확(경성제대), 남덕우(국민대), 진의종(경성제대), 노신영(서울대), 이현재(서울대), 노재봉(서울대), 정원식(서울대), 현승종(경성제대), 이회창(서울대), 이영덕(서울대), 이수성(서울대), 고건(서울대), 이한동(서울대), 장상(이화여대), 김석수(연세대), 이해찬(서울대), 한명숙(이화여대), 한덕수(서울대), 한승수(연세대), 정운찬(서울대), 김황식(서울대) 등으로 서울대학 출신이 무려 16명이나 되며, 서울사범대를 수학한 김종필까지 합치면 모두 17명으로 총리를 지낸 48명 중 35%가 넘는다.

이들은 대부분 대학을 나온 뒤 주로 미국 유학을 다녀왔다. 이 중에 고시 합격자는 신현확, 진의종, 고건, 한덕수, 노신영(이상 행정), 이회창, 이한동, 김석수, 김황식, 정홍원(이상 사법) 등 10명이다.

기타 군 출신 중 장도영, 송요찬은 군사영어학교 출신이며, 박정희(2기), 황인성(5기), 박태준(6기), 김종필(8기)은 육군사관학교 출신이기도 하다. 군 출신 총리 중에서 5·16 직후 박정희 국가재건최고회의 의장에 의해 사실상 미국으로 추방되어 만학으로 박사학위를 받은 강영훈과 장도영은 특이한 학력의 소지자이다. 강영훈은 남가주 대학에서 박사학위를 받고 그 뒤에 총리가 됐고, 장도영은 내각수반 40여 일 만에 반혁명反革命사건에 연루되어 미국으로 간 다음 미시건 대학에서 정치학 박사를 받고 아직도 미국에 거주하고 있다.

2. 출신 지역

또한 역대 국무총리의 출신 지역(시·도별) 분포를 보면 서울(변영태, 김현철, 최두선, 김정렬, 장대환), 충남(이범석, 송요찬, 김종필, 이현재, 이해찬, 정운찬), 평남(유창순, 노신영, 현승종, 이영덕, 한명숙), 전북(김상협, 진의종, 황인성, 고건, 한덕수)이 각각 5명씩이고, 평북 출신(이윤영, 장도영, 강영훈, 장상)은 4명으로, 평안도 출신이 가장 많은 셈이다.

그 외에 경남(신성모, 노재봉, 박태준, 김석수, 정홍원)이 5명이고, 경기

(남덕우, 이홍구, 이한동), 경북(장택상, 박정희, 신현확), 황해도(백두진, 정원식, 이회창) 출신은 각각 3명이며, 강원(최규하, 한승수), 전남(이한기, 김황식) 출신은 각각 2명이며, 인천(장면), 부산(허정), 함북(정일권), 함남(이수성), 제주(박충훈) 출신은 각각 1명이다.

3. 연령年齡

우리나라 역대 국무총리의 평균 연령은 60세이다. 각종 인명사전과 정부자료에 나타난 생년월일과 최초로 총리직(서리, 내각수반 포함)에 임명된 날짜를 계산해보면 평균연령은 정확히 63.3세가 된다.

역대 정권 중 국무총리들의 나이가 젊은 기간은 5·16 직후 내각수반들의 연령이 비교적 낮고 군 출신 총리가 오래 재임했던 제3·4공화국 때이다. 제5공화국 역시 군 출신 총리가 재임했지만, 국무총리 기용에 호남 출신, 그중에서도 원로元老를 찾다 보니 자연히 연령층이 높아졌던 것으로 풀이된다.

연령상의 특이 사항을 살펴보면 최연소자는 38세의 장도영 내각수반이다. 장도영은 자유당 시절 제2인자였던 이기붕李起鵬의 총애를 받았고 민주당 시절에는 매그루더 주한 미8군 사령관의 추천에 의해 육군참모총장에 오르는 등 승승장구한 인물이다.

연령으로는 박정희가 장도영보다 6살이 더 많지만, 6·25 직전 장도영이 육군본부 정보국장으로 있을 당시 박정희는 문관으로 그 밑에서 일했다. 그 후 장도영은 2군사령관으로 부임했고, 그때 박정희를 부사령관으로 발탁해서 두 사람 사이는 돈독해졌다. 때문에 5·16을 전후하여 장도영은 박정희의 쿠데타 계획을 알면서도 적극적인 대책을 하지 않았고, 내심으로는 5·16에 동조했다고 알려진 인물이다.

최고령의 총리는 73세의 현승종이다. 그는 1992년 12월로 예정된 제14대 대통령 선거 관리 내각의 총리로 선거 두 달 전에 임명되었다. 그는 내각의 선거 중립에 노력했으며, 일반공무원들이 선거에 중립을 지키는 계기를 마련했다고 평가받고 있다. 박태준도 73세에 총리를 지냈으나 4개월 만에 퇴임했다.

60대 이후 총리를 지낸 인사들은 이윤영(62세), 변영태(62세), 김현철(61세), 최두선(69세), 박충훈(61세), 유창순(64세), 김상협(62세), 진의종(62세), 이한기(70세), 김정렬(70세), 강영훈(66세), 정원식(63세), 황인성(67세), 이영덕(68세), 이홍구(60세), 김석수(70세), 장상(63세), 이한동(66세), 한명숙(62세), 한승수(72세), 정운찬(63세), 김황식(62세), 정홍원(69세) 등이고, 50대에 총리에 오른 사람은 신성모(59세), 장면(51세), 허정(55세), 장택상(59세), 최규하(56세), 신현확(59세), 남덕우(56세), 노신영(55세), 이현재(59세), 노재봉(54세), 이회창(58세), 이수성(56세), 고건(59세), 장대환(50세), 이해찬(52세), 한덕수(58세) 등이며, 40대에 총리를 지낸 인사들로는 이범석(48세), 백두진(44세), 박정희(45세), 김종필(45세), 송요찬(43세), 정일권(47세) 등이다.

제4장 국무총리 생활공간과 일정

1. 국무총리 집무실

현재 국무총리의 집무실은 세종시 청사와 세종로 중앙청사의 작은 공간에 있다. 그러나 국무총리의 근무 공간에 대한 이해를 돕기 위해 과거 세종청사 901호실을 예로 들어본다. 이 집무실은 건국 후 3번째의 국무총리 집무실로 대기실(9평), 집무실(47.5평), 서재(15.8평), 접견실(34.5평), 소접견실(32평) 등 5개의 공간으로 구성된 총 138.8평의 공간이다.

이 집무실은 1983년 5월 28일, 지금은 경복궁 복원 계획에 따라 헐린(1996. 10) 옛 중앙청 3층에서 이사온 후 24년째 되었다. 집무실 밖에는 2급부터 행정보조원인 여직원까지 모두 10여 명의 의전실 직원들이 총리의 일정을 챙겨주고 있다.

건국 후 원래의 국무총리 집무실은 중앙청 뒤쪽 오른편에 있던 3층짜리 보조 건물에 있었다. 이 건물은 1970년대 중반에 헐리고 그 자리는 몇 년 동안 테니스 코트로 활용했었다. 이 건물에는 총리실과 국무원 사무처, 법제처, 총무처 등 국무총리 산하기관이 들어가 있었다. 초대 이범석부터 변영태 총리까지 제1공화국 당시 총리 전원과 제2공화국의 장면 총리, 그리고 5·16 후 첫 내각수반인 장도영까지 이곳에서 집무했다.

그러다가 옛 중앙청 3층으로 총리실을 옮긴 것은 1962년 11월 김현철 내각수반 때부터다. 따라서 옛 중앙청 3층 집무실을 사용한 국무총리는 1963년 12월 제3공화국 출범부터 제5공화국 김상협까지 모두 10명이며 그 기간은 20년이다. 이 집무실은 일제 때 건축되어 일본 총독, 미군정 장관, 대통령 집무실 등을 거쳐 총리 집무실이 되었다.

옛 중앙청 건물은 1916년 6월, 초대 데라우치(寺內正毅) 총독 당시 착공되어 2대 하세가와(長谷川好道)를 거쳐 3대 사이토(齊藤實) 총독 말기인 1926년 10월에 준공되었다. 따라서 사이토 총독(1926~27)을 비롯해서 4대 야마나시(山梨半造, 1927~29), 5대 사이토(齊藤實, 1929~31), 6대 우카키(宇垣一成, 1931~36), 7대 미나미(南次郎, 1936~42), 8대 고이소(小磯國昭, 1942~44), 9대 아베(阿部信行, 1944~45) 총독이 여기서 한국을 지배했다.

해방 후 미군정 기간에는 미군정 책임자인 남한 주둔 미군사령관 하지 중장이 총독 집무실로 사용했고, 건국 후에는 이승만 대통령이 관저인 경무대景武臺에서 이곳으로 출퇴근하면서 이 방을 집무실로 활용했다. 그러던 중 6·25 동란의 발발로 이 건물은 전화를 입어 1950년 9·28 수복 후에 대통령 집무실도 경무대로 옮겨가고 10여 년간 방치되어 있었다. 그러다가 5·16 이후 중앙청을 정부 청사로 쓰기 위해 전면 수리에 들어가 1962년 11월 종전의 면모를 되찾아 3층 대통령 집무실을 내각수반 집무실로 쓰기 시작했다. 그 후 역대 총리가 사용하다가 1979년 10·26 사건으로 당시 최규하 국무총리가 대통령권한대행을 하면서 사용했고, 대통령에 당선된 후에도 초창기엔 여기를 대통령 집무실로 활용했다.

제5공화국 초기에 중앙청 건물을 국립중앙박물관으로 쓰도록 방침이 결정되었다. 당시 총리실에서는 차제에 별도로 국무총리 집무실을 마련하고자 현재 주차장으로 활용하고 있는 옛날 경기도청 자리에 건물을 신축하는 방안, 덕수궁 석조전石造殿을 활용하는 방안 등을 검토했으나 결실을 보지 못했다. 결국 1983년 5월 28일 중앙청사로 집무실을 옮겼다.

총리실이 옮겨지자 당시 전두환 대통령이 잠시 들른 일이 있었다. 이때 총리실에서는 대통령이 앉을 소파가 문제가 되었다. 당시 소파는 김종필 총리 때 마련한 것으로 10여 년을 썼기 때문에 모서리 등이 찢겨 보기에 흉했으나 새로 장만하지를 못하고 임시변통으로 수리해서 순간을 모면했다. 당시 총리들은 총리공관 신축 문제와 같이 총리실 집기를 건드리기 꺼려하여 그대로 유지하고자 했다. 그래서 문제의 소파는 제5공화국이 끝날 때까지 그대로 쓰다가 제6공화국이 출범하는 과정에서 새것으로 바뀌었다.

집무실 구조는 앞에 설명한 대로 5개의 공간으로 구성되어 방문자의 수나 방문 목적에 따라 총리와의 면담장소가 결정된다. 각 부처 장관이나 관계기관의 장이 공식적인 업무관계로 총리와 면담할 때는 대개 집무실에서 만난다. 집무실에는 책상과 소파 그리고 관계장관회의나 간부회의를 하는 탁자가 있지만, 외부손님 면담은 대개 소파에서 이루어진다. 대기실은 손님이 오면 의전비서관이 보고할 때까지 잠시 기다리는 장소이고, 서재는 사실私室로서 잠시 휴식을 취하거나 개인적인 일을 볼 때 사용하는 공간이다. 대접견실은 임명장 수여라든지 비교적 많은 내방자를 면담할 때 사용되는 공간이고, 소접견실은 몇 사람이 청원이나 의사전달 등을 위해 방문했을 때 주로 면담하는 장소이다. 이 소접견실 벽에는 역대 총리의 사진이 걸려 있는데, 정일권 총리 이후는 컬러사진이고 그 이전 총리들은 흑백사진이다.

2012년 말 총리실이 세종시로 옮겨감에 따라 세종청사에도 비슷한 규모의 총리 집무실이 있다. 총리가 서울에서 볼 일이 있을 때는 정부중앙청사에 있는 공간에서 소수의 보좌진만 데리고 업무를 본다.

2. 국무총리의 하루 일과

국무총리의 하루 일과는 집무실 등청登廳과 함께 시작된다. 보통 오전 9시 조금 전에 출근하면 의전비서관으로부터 당일의 일정을 보고 받고 특별한 일이 없으면 비서실장과 국무조정실장, 공보실장 등 3실장과 회의를 한다. 실장회의가 끝난 뒤 제6공화국까지는 매일 1급 이상 보좌진들과 간부회의를 했으나, 김영삼 정부 이후 주1회 간부회의를 한다. 보통 30분 내외의 회의를 끝내고 본격적인 일정에 들어가 오전 일정을 마치면 특별한 스케줄이 없는 한 구내 전용식당에서 보좌진들이나 종합청사 내 다른 장관들과 점심식사를 한다. 점심식사 후 약 1시 반 경부터 오후 일정에 들어가 여름철에는 오후 6시까지, 그리고 겨울철에는 오후 5시까지 일정을 마쳤으나 참여정부에서부터는 계절에 관계없이 6시까지 일정이 계속된다.

그러나 총리의 일정은 밖에서 생각하는 것보다 훨씬 빽빽해서 자유롭게 여유 시간을 가질 틈이 없다. 이유는 의례적인 절차가 많아 형식적인 사무도 꽤 많기 때문이다. 그래서 30여 년간 대학교수 생활을 하다가 국무총리로 발탁된 이현재 총리는 사석에서 총리의 생활을 "비서실에서 짜주는 일정에 따라 시계바늘 위에서 하루하루를 보낸다."고 표현한 적이 있다.

이현재 총리는 또한 공무원 사회에 대한 평소 생각을 털어놓으며, "공므원 사회가 밖에서 보는 것보다 훨씬 긴장되고 시간에 쫓기는 생활"이라 하였다. 물론 총리의 모든 일정이 공개되는 것은 아니지만, 대외적으로 발표되는 일정만을 살펴보아도 당시 국내외 관심 사항과 총리의 역할을 미루어 짐작할 수 있다. 공개되는 일정 이외이 비공개로 진행되는 일정도 하루에 한두 건씩 소화한다.

3. 국무총리 공관公館

국무총리가 존재하는 대부분의 나라에서는 총리공관에 집무실이 있지만, 우리나라 국무총리는 집무실과 공관이 별도로 있다. 총리공관은 서울 삼청동에 있는 구공관과 세종시에 있는 신공관이 있으나, 삼청동 공관을 설명함으로써 이해를 돕고자 한다.

국무총리에 임명이 되면 집무실에는 당일이나 그 다음 날 청와대에서 임명장을 받고 즉시 등청登廳하지만, 숙소인 공관 입주는 여러 가지 준비로 빠르면 1주일 늦으면 1, 2개월 후에나 입주하게 된다. 보통 1, 2주일 후에 입주하는 것이 상례이나 신현확 총리의 경우는 당시 대통령으로 당선된 최규하 전 국무총리가 박정희 대통령이 18년간 사용했던 청와대 내부를 수리하고 입주하여 총리공관을 사용하느라 2개월 이상을 자택에서 집무실로 출퇴근했다.

이와 같은 예는 미국 대통령이 당선된 후 백악관으로 입주하기까지는 약 2개월이 걸리는 일반적인 관례보다는 빠르다고 볼 수 있으나, 영국이나 프랑스, 일본 같은 경우 총리 당선자가 공관에 입주하는 것보다는 훨씬 늦은 것이다.

영국이나 프랑스 같은 경우는 총선이 끝나고 다수당(집권당)이 확정되면 즉시 국왕이나 대통령이 다수당 당수를 불러 총리 지명을 통고하면 신임 총리는 그 길로 총리공관(영국 다우닝가 10번지, 프랑스 마티뇽궁)으로 가서 전임 총리와 인수인계를 마침으로써 정권이 바뀌게 된다. 이때 특별한 이취임식 절차는 없다. 우리나라 역대 국무총리는 공관에 입주하는 데 여러 가지를 고려하지만, 민가에서 이삿날을 택하듯이 날을 정하여 공관에 입주한다.

지난 1961년 5·16 직후 당시 송요찬 내각수반 이래 현재까지 국무총리 공관으로 사용되고 있는 곳은 서울시 종로구 삼청동 106-11번지이다. 이곳은 옛날부터 서울에서도 경관이 이름난 곳이다. 조선조 성종때 학자인 성현成俔은 공관이 있는 삼청동을 서울에서 제일 아름다운 곳으로 꼽았다. 당시 삼청동에는 하늘과 땅과 별에 제사를 지내는 소격서昭格署가 있다가 임진왜란 때 폐지된 것으로 알려지고 있다.

현재의 총리공관은 조선조 중엽 때 태화궁太和宮이 있던 곳으로, 고종高宗이 군부대신을 지낸 이윤용李允用(이완용李完用의 서형庶兄으로 대원군의 사위)에게 하사한 터이다. 이윤용은 그 후 이 땅을 명성황후明成皇后의 집안인 민규식閔奎植에게 양도했고, 민규식은 이 땅을 일제 때 경성전기주식회사에 분할 매각한 것으로 전해지고 있다.

1941년 3월 기록에 따르면 공관 건물의 규모는 44평짜리 2층 건물 1동과 53평짜리 목조기와 1층 건물 1동, 기타 부속 건물 등으로 되어 있다.

최초의 입주자는 1935년 7월 경성전기 주식회사 취체역取締役인 일본인(武者錬三)이었다. 그 후 이 회사 취체역(穗積眞一郎)이 살다가 해방을 맞아 귀속재산으로 처리됐고, 이어 한국전력韓國電力(한전)이 설립되며 인수됐다.

1948년 8월 정부 수립과 더불어 삼청동 공관은 국회의장 공관으로 사용됐다. 정부는 당시 소유권자인 한전으로부터 사들이려 했으나 예산 사정으로 매입하지 못하고 한전 측의 양해로 무상으로 사용했다. 그러다가 5·16후 내각수반직이 생기면서 군사정부는 이곳을 내각수반 공관으로 활용하도록 하고 한전 측과 임대차 계약을 경신해서 월 2만원의 임대료를 지불하며 사용하다가, 1974년 12월(김종필 총리) 3억 5천 648만 8천원(3년 분할 상환

조건)에 정부가 매입했다.

총리공관의 규모는 대지 4,542평으로, 당초의 총 건평은 336평 6홉 5작이며, 건물은 본관 2층 건물 145평, 별채인 한옥(삼청당三淸堂) 147평 1홉 5작, 그리고 부속건물이 44평 5홉이었다.

그러나 현재는 당시의 규모보다 약간 커지고 건물도 신축되었다. 1979년 여름 최규하 국무총리 당시 삼청당이 장마에 지붕이 가라앉아 그해 가을(9월)에 전통 한국식 목조 건물로 신축했으며, 본관 건물은 1985년 12월 노신영 총리 당시 지하 1층, 지상 2층 등 모두 342평의 석조 건물로 신축하여 오늘에 이르고 있다.

현재 별채 한옥 현관에는 당시 박정희 대통령이 쓴 '三淸堂'이란 현판이 걸려 있으며, 이 건물 준공을 기념하여 박정희가 국무위원 만찬회에 참석하자 총리실에서는 강원도에서 산채나물을 직송하여 음식 준비를 한 일화가 있다. 이 행사는 당시 10·26 사건 직전으로 박정희가 마지막으로 국무총리 공관에 들른 셈이 됐다. 거실로 사용되는 본관 역시 낡은 건물로 1970년대 초부터 비가 새기 시작했으나 역대 총리가 신축을 미뤄 오다가 1985년에야 현재의 건물이 완공됐다. 공관 신축 과정을 살펴보면 대통령책임제하에서의 국무총리의 위상을 엿볼 수 있는 하나의 예가 된다.

별채와 본관 건물은 1970년대 이전부터 개축改築을 필요로 하는 건물이었으나 어떤 총리도 공관을 개축하는 것을 꺼려했다. 그 이유는 당시 청와대 건물도 구건물인데 청와대를 그대로 두고 총리공관을 개축하겠다고 나서는 것은 청와대로부터 오해를 받을 소지가 있었으며, 총리라는 자리는 임기가 보장된 자리가 아니기 때문에 장래가 예측되지 않는 위치에서 손대기를 모두 꺼려했기 때문이다.

그래서 정부청사를 관리하는 총무처장관의 입장에서는 역대 총리에게 공관 개축을 건의했으나, 그때마다 총리들은 "내가 있을 동안에는 손대지 않겠다."고 거절했다. 총무처에서는 1984년도(진의종 총리 당시) 예산에까지 반영시켰으나 착수하지 못하고 다음 해로 이월시켜 할 수 없이 공사가 시작되었다. 공사 기간 중 당시 노신영 총리는 청운동 민가를 임시 빌려 공관으로 활용하다가 12월에 입주했다.

총리공관 정원에는 수령이 오래된 고목들이 잘 보존되어 있어 그중에는 천연기념물로 지정된 수목이 있다. 본관 건물 현관 앞의 측백나무와 삼청당 앞의 등나무는 1976년 8월 6일 천연기념물 제254호와 제255호로 각각 지정되었다. 측백나무는 키가 11m, 수령이 약 3백 년이나 되었는데, 같은 수종으로서는 국내 최고 최대의 고목이자 국내 유일의 천연기념수이다. 등나무는 키는 별로 크지 않지만 둘레가 185㎝나 되고, 수령은 약 9백 년 생으로 추정되고 있다.

세종시에도 대지 30,000㎡, 건평 2,960㎡의 총리 공관이 있다. 그러나 정홍원 총리는 주로 삼청동 공관을 활용하고 세종시 공관은 주말에 이용한다.

4. 역대 국무총리들의 공관 생활

정부수립과 함께 현재의 삼청동 공관은 국회의장 공관으로 사용되고, 부통령 공관은 순화동(서소문 고가도로 옆 언덕)에 마련되어 있었으나 국무총리 공관은 없었다. 백두진은 그의 회고록에서 초대 총리인 이범석의 어려운 생활을 회상하면서 "해방 후 귀국, 정동에 있는 조그마한 적산敵産 가옥에 살다 총리가 되었을 때 아현 마루턱에 있던 귀속재산 가옥에 입주했으며, 그 후 그 집을 팔아 신당동으로 옮겨갔다."고 술회했다.

제2공화국인 민주당 시절 장면 총리는 경무대를 윤보선 대통령에게, 삼청동 공관을 곽상훈郭尙勳 민의원 의장에게 양보하고, 반도호텔(현 롯데호텔 자리) 828호를 임시 숙소로 사용하며 조선호텔을 총리공관으로 개축하려던 중 5·16을 맞았다.

5·16 후 초대 내각수반인 장도영은 삼청동 공관으로 채 옮겨가기도 전에 반혁명反革命으로 몰려 물러났고, 송요찬과 김현철이 각각 1년여를 이곳에서 지냈다.

민정 이양民政移讓 후 장충동에 국회의장 공관이 마련되면서 제8대 최두선 총리가 이곳을 보수, 입주한 이후 역대 총리가 공관으로 사용해오고 있다.

공관은 생활의 거처이지만 공적으로 중요한 회의가 열리는 장소이기도 하다. 때로는 언론의 눈을 피해 아침저녁(조찬, 만찬)으로 회의를 열어 중요 정책을 결정한다. 주로 중요한 정책회의는 아침에 있고, 의례적인 모임은 저녁에 있게 된다.

10·26 사태 이후 최규하 국무총리(대통령권한대행)는 거의 매일 아침 시국대책회의를 공관에서 개최했고, 12·12 사건도 이 공관에서 겪었다. 이한기 총리도 1987년 6·10 항쟁 이후 자주 공관에서 조찬회의를 했다. 이른바 6·29 선언으로 불리는 당시 노태우 대표위원의 발표가 있던 날도 전 국무위원이 참석한 가운데 조찬회의를 하던 중 라디오를 통해 이 사실을 처음으로 알고 회의를 중단한 사실도 있다. 국무총리 주재회의는 주로 삼청당에서 개최되며, 조찬회의에는 인근 식당에서 설렁탕을, 만찬회 때는 시내 A급 호텔에서 주로 중국음식을 날라다 식사를 한다.

총리가 바뀔 때마다 총리의 취미와 성격 그리고 가족상황에 따라 공관 운영과 분위기는 달라진다.

자녀들이 모두 성가成家하고 내외 단둘이서 생활하는 경우는 용달차 1, 2대의 이삿짐이 들고나지만, 자녀들이 함께 사는 경우는 침실에서부터 문제가 된다. 현재의 공관에는 본관 2층에 침실 4개와 거실이 있지만 구건물은 그렇지 못한 일본식 목조건물이었다.

정일권 총리는 노모老母를 별채에 모시고 살았고, 이현재 총리는 노모가 이웃과 격리된 공관 생활이 싫다고 입주를 거부하여 창신동滄新洞 본가에 그대로 남아 재임 중 본의 아니게 따로 살림을 했다. 그래서 이현재는 휴일마다 본가에 들렀고, 부인(김요한金窈漢 여사)은 매일 아침 본가에 들러 노모를 보살피는가 하면 자녀들 3명이 교대로 당번제를 해서 할머니와 잠을 자게 했던 일화도 있다.

공관 분위기는 주인의 취미와 성격이 나타난다. 김종필 총리는 음악, 미술 등 예술에 취미가 있는 탓인지 공관에 악기(전자 오르간), 서예 도구 등이 눈에 띄었고, 진의종 총리는 부인(이학李鶴 여사)이 한국 자수협회 회장을 지내는 등 민속품에 취미가 있어 거실에 꽃가마 등 민속물이 많이 있었다.

노신영 총리는 자녀들이 세계의 유명한 대학(하버드, 옥스퍼드, 예일, 스탠퍼드 등)을 다녔기 때문인지 자녀들 사진이 거실 안에 빽빽이 걸렸었다. 그보다도 노신영은 채소 가꾸기 등 농사일에 취미가 있어 공관을 가장 전원적田園的으로 꾸며놓았었다. 담 밑에 일정 간격(30㎝ 이상)으로 옥수수, 고추, 가지 등을 심어 관상용觀賞用으로 활용했고, 무, 배추, 호박 등 계절마다 손수 지은 채소를 공관에 진열해놓기도 했다. 노신영은 퇴임 후에도 천안에 농장을 만들어 놓고 주말마다 농장에서 생활하고 있다.

공관에서의 회식(파티)은 정치인 총리나 외교관 출신 총리가 비교적 많이 한 편이며, 학자 출신 총리 중 이현재는 공관 비품을 사용하는 것은 도리에 어긋난다고 여겨 사적 회식은 일절 하지 않았다. 그러나 그 후 총리들 중 국회의원을 겸하고 있는 경우 지역구 인사들을 공관으로 초청하여 대접하는 사례가 있어 비난을 사기도 했다.

유일하게 여자로서 공관 생활을 한 한명숙 총리의 경우 보통 때도 특별한 일정이 없으면 공관에서 점심식사를 했으며, 조리사(기능직)가 출근하지 않는 공휴일에는 손수 부군夫君의 식사를 챙겼다.

제5장 국무총리 보좌기관

1. 국무총리 비서실

1) 조직의 연혁

비서실은 국무총리 직속 보좌기관 중에서는 제일 먼저 생긴 기관으로, 국무총리의 정무, 민원, 의전, 혁신기획관실로 구성되어 국무총리의 대내외 역할을 실제적으로 구현시키는 일을 담당하고 있다.

최초로 비서실 직제가 생길 때는 내각책임제(제2공화국)였기 때문에 총리의 비서, 기타 특명 받은 기밀사항을 관장하기 위해서 비서실을 두도록 되어 있었으나, 현재와 같은 대통령중심제하의 국무총리 비서실 직제가 제정된 것은 1963년 12월 16일 각령 제681호에 의해서였다.

비서실은 국무총리가 대외활동을 하는 데 필요한 자료 준비(국회 답변 내용, 연설, 담화문 등), 일정 등을 주로 관장하고 있기 때문에 고유업무보다는 비정형적非定型的 비연속적非連續的인 업무들이 많아타 보좌기관과 업무 구별이 명확지 않은 특징이 있다. 때문에 특히 국무조정실과는 업무 한계를 놓고 보이지 않는 경쟁이나 불협화음이 있는 것도 사실이다.

보좌기관의 서열 역시 제5공화국 초기까지는 비서실이 묵시적으로 상위서열(기관장은 차관급으로 동일급)이었다. 그러나 1981년 11월 2일 국무총리 보좌기관 직제가 조정되어 행정조정실이 상대적으로 비대해짐에 따라 서열 논쟁이 있다가, 김영삼 정부에 들어와 행정조정실장이 차관회의 의장으로 격상됨으로써 기관 내 서열은 행정조정실 우위로 확립되었다.

비서실은 이명박 정부 때 국무총리 보좌기관이 국무총리실로 통합됨에 따라 국무총리실장(장관급) 밑에 사무차장 소속으로 바뀌였다가 박근혜 정부에서는 비서실로 환원됐다.

2) 인 력

비서실 인력 현황을 보면 특채자의 비율이 비교적 높은 편이다. 이는 과거 제3공화국 이후 국무총리를 임명할 때마다 새로운 총리가 필요한 인원을 특채하거나 인맥에 의해 채용한 직원이 그대로 남아 있는 경우가 많기 때문이다. 역대 총리가 경질될 때마다 새로 채용한 고위직 비서관이나(특히 의전비서관) 개인적인 친분이 특별한 비서관은 총리 퇴임 시 같이 퇴직하지만, 하위직 직원이나 인맥에 의해 특채한 직원의 경우는 그대로 총리실에 남아 시간이 흐름에 따라 진급이 되고 전문화되기 때문에 특채의 비율이 상대적으로 높게 된다.

2. 국무조정실

1) 조직의 연혁

국무조정실國務調整室은 제4공화국 유신헌법 아래서 김종필 총리가 행정부의 통할기능을 제고시키기 위해 설립한 행정조정실이 확대 개편된 기관이다.

행정조정실은 1973년 1월 30일 대통령령 제6483호로 국무총리를 보좌하기 위해 각 중앙행정기관 및 국무총리 소속기관의 행정의 지휘, 조정 및 감독에 관한 사항과 서울특별시 행정특례에 관한 법률에 의하여 국무총리 소관에 속하는 사항, 기타 국무총리가 특별히 지시하는 행정의 조정에 관한 사항을 관장하기 위해 설립한 기구이다.

발족 당시에는 정원 32명으로 출발하였으나, 1998년 2월 28일 직제 개편(대통령령 제15694호)을 통해 5개의 조정관실로 확대되었다.

그동안의 눈에 띄는 변화는 1981년 11월 2일 제5조정관이 폐지되고, 이어 1983년 청소년대책 및 국민정신계도에 관한 업무가 문교부로부터 이관되었다가 1988년 6월 28일 대통령령 제12470호로 청소년대책 업무를 체육부로 이관하여 5공화국 당시는 3개의 조정관실로 운영되었다.

제6공화국에 들어서 1989년 1월 30일 사정업무를 담당하는 4조정관실과 민주이념에 관한 업무를 담당하는 5조정관실이 신설

되어 설립 당시처럼 5개 조정관실로 운영되었다. 김영삼 정부에 들어서 1993년 4월 9일 대통령령 제13877호에 의하여 다시 5조정관실이 폐지되어 4개의 조정관실 체제로 운영되었다. 그 후 정부 시책 심사분석기능이 경제기획원으로 이관되어옴에 따라(1994. 12. 23 대통령령 제14452호) 인원이 증가하고 행정조정실장에게 차관회의 주재권을 부여하여 국정조정 핵심부서로서의 위상이 재정립되었다.

국민의 정부에 들어서 명칭을 국무조정실로 변경하고 실장의 직급을 차관급에서 장관급으로 격상하고 중앙행정기관 및 국무총리 소속기관에 대한 지휘·감독, 정책조정, 심사평가 등을 실질적으로 관장하여 일반 행정에 관한 한 청와대 비서실 이상의 역할을 담당하고 있다. 이명박 정부 당시 국무총리실로 명칭이 바뀌었다가 박근혜 정부에서 다시 국무조정실로 환원되었다.

2) 인 력

국무조정실의 전신인 행정조정실이 발족할 당시(1973) 정원은 32명이었으며, 5명의 조정관은 모두 1급으로 보補해졌다. 그러나 그 후 30여 차례의 직제 개정을 거쳐 현재 약 350여 명의 총리실 직원과 150여 명의 파견인원까지 합쳐 약 500명에 가까운 인원이 총리를 보좌하고 있다. 총리실 직원은 타부처에 비해 비교적 장기 근속자가 많다는 것이 특징이다.

Ⅲ. 국무총리의 역할

제1장 국무총리와 관계기관과의 관계

1. 대통령과의 관계

1) 주례보고

국무총리는 대통령과 어떤 채널을 통해 교감交感하는가? 대통령 중심제에서 대통령의 권한은 절대적인 것은 두말할 나위가 없다. 특히 우리나라의 경우는 대통령이 행정부 수반으로서 국가원수일 뿐만 아니라 집권당 총재로서 정부 여당의 모든 실권을 가지고 있으므로 모든 요직의 실질적 임명권자이다.

역대 총리 중 대통령과 정치적 갈등 또는 오해에서 비롯된 정치적 이유로 그 직을 물러난 이범석, 장면, 최두선, 이회창 등도 정확한 의사전달 통로가 없었고, 주변 반대세력의 시기질투와 우연한 상황 등이 상승작용을 일으켜 갑자기 대통령과의 관계가 불편해져 그 직을 물러나고 말았다.

대통령과 국무총리 사이에는 공식적으로 대통령 비서실이라는 조직이 있다. 제1·2공화국 당시에는 행정부에 대한 비서실의 역할이 크게 나타나지 않았으나, 제3공화국 박정희 대통령 이후는 행정부에 있어 대통령 비서실의 역할이 비대해져 국무총리(실)는 이 비서실과의 관계에 신경을 써왔다.

대통령 비서실의 역할이 커지면 상대적으로 국무총리(실)의 역할은 약화되어 행정 각부는 국무총리(실)보다 대통령 비서실에 신경을 쓰기 때문에 국무총리의 행정부 통할 조정기능이 약화되는 것은 필연의 결과이다.

박정희 대통령 이후 역대 대통령들이 취임 초에는 비서실의 기능을 약화시키고 대신 행정부의 기능을 강화시키도록 한다는 방침을 천명하여 상당 기간 이를 실현하기 위한 조치들이 취해지지만, 시간이 흐를수록 대통령 비서실의 역할이 커지는 것이 일반적 현상이다. 따라서 국무총리로서는 대통령 비서실과의 관계를 원만히 하면서 대통령과의 잦은 접촉으로 대통령의 의중意中을 정확히 파악해서 올바로 보필하는 것이 무엇보다도 중요한 일이다.

제5공화국까지 국무총리가 대통령을 만나볼 수 있는 기회는 각종 정례·비정례 회의와 청와대 공식 식사 모임(오찬, 만찬), 그리고 청와대 관계장관회의 등이었다. 주요 회의는 대통령 주재 청와대 국무회의, 무역진흥확대회의, 월간 경제동향보고회의, 심사분석평가회의(분기별), 과학기술진흥확대회의, 정부여당연석회의, 중앙부처 연두 보고와 특별한 이슈가 있을 경우 관계기관 대책회의 등이었다. 때로는 재임 중 한두 차례 있을까 말까 하는 대통령의 국무총리 공관 방문 등 비공식 만남이 대통령과 국무총리의 접촉기회였다.

이 밖에 국무총리의 요청이나 대통령의 필요에 따라 국무총리가 청와대를 방문하는 예가 있었으나 이와 같은 경우는 극히 드물었다.

그래서 국무총리(실)는 명분을 만들어 청와대를 방문하고, 일단 청와대를 방문하고 나면 보좌진들은 물론 언론에서도 무슨 말이 오고 갔는지를 탐지하기 위해 촉각을 세웠다.

박정희 대통령 당시 국무총리의 청와대 방문에는 비서실장이 주로 배석한 것으로 알려졌으며, 이는 국정 흐름을 비서실장이 파악하도록 대통령이 배려했기 때문이었다. 이와 같은 비서실장의 배석은 청와대 본관 대통령 집무실(1층)의 위층(2층)에 비서실장실이 있었던 전두환 대통령의 초대 비서실장 김경원金瓊元까지 가능했으며, 그 후는 비서실장실이 별관(신관)으로 옮겨지면서 요인 면담 시 비서실장의 배석이 거의 불가능해졌다고 김정렴金正濂은 밝혔다.

국무총리의 입장에서는 이처럼 대통령과의 만남이 중요한 일이었으며 이에 대한 부담이 컸기 때문에 이를 제도화 또는 정례화시킬 필요성을 느끼면서도 계기를 잡지 못하였다.

그러던 차에 1987년 6·29 선언 이후 헌법이 개정되어 16년 만에 대통령 직선제가 부활되어 대통령으로 당선된 노태우는 헌정사상 처음으로 대통령취임준비위원회를 구성하여 조각組閣에 앞서 국무총리 내정자(이현재)를 발표하고(1988. 2. 11) 이어 각 부처의 업무보고를 받기 시작했다. 이때 국무총리 보좌진들은 업무보고 내용에 국무총리와 대통령 비서실 간의 관계정립 문제와 대통령과 국무총리의 정례회동인 주례보고 건의안을 보고했다.

참고로 당시 보고 내용을 요약하면 다음과 같다.

① 대통령 비서실과 내각과의 관계는 대통령의 국정운영 스타일에 따라 달라지며, 6·29 선언과 그동안 대통령 선거 공약에 나타난 차기 대통령의 국정운영 방향은 권위주의적인 국정운영은 탈피하겠다는 것으로 이해된다.

② 먼저 정책 전개 과정에서 첫째 과정인 인식認識 단계에서 행정부처는 자기중심적 내지는 자기 옹호적 입장에서 현실을 인식하려는 경향이 있으므로 대통령 비서실은 이 점을 보완하는 역할을 해야 한다. 이 과정에서 비서실은 대통령이 가지고 있는 현실에 대한 인식과 이에 따른 문제점을 정확히 내각에 전달해야 한다.

③ 다음 단계인 정책형성 과정(Policy Formulation)이나 정책집행 과정(Implementation)은 대통령 비서실이 관여하는 것보다는 행정 각 부처가 책임지고 해나가는 것이 좋다고 본다. 이 과정에서 가장 중요한 것은 관련부처 간의 협조인 만큼 국무총리의 기능을 활용함에 있어 대통령 비서실에서는 국무총리를 경쟁자로 보지 말고 대통령의 최고 보좌 책임자라는 인식을 가져야 한다.

④ 대통령 비서실에서는 정책 형성이나 집행에 관여 않는다 하더라도 각 부처의 중요 정책동향은 항상 파악하여 대

통령에게 제공하는 기능을 수행하여야 한다.

⑤ 정책의 결과를 평가하는 문제는 총리실의 감독기능, 감사원, 경제기획원의 심사분석기능(당시, 현재는 총리실에 있음) 등을 통하여 수행되지만 대통령 비서실에서도 관심을 기울여야 한다. 여기에는 관계기관은 물론 언론 및 각계의 평가도 종합하여 대통령에게 제공해야 한다.

즉, 대통령 비서실은 기본적으로 내각과 경쟁적이기보다는 상호보완적 위치에서 임무를 수행한다. 첫째 대통령이 현실에 대한 정확한 인식과 문제의식 아래 국정방향을 구상할 수 있도록 한다. 둘째, 내각에 대통령의 뜻을 정확히 전달하고 대통령에게는 내각의 의사가 소통될 수 있도록 하는 데 역점을 두고 조정자로서의 역할은 삼가야 한다. 셋째, 국무총리는 대통령의 최고 행정보좌 책임자로서 행정 각부의 협조를 원활하게 하면서 조정자로서 역할을 수행해 나가야 할 것이다.

이렇게 하기 위해서는 대통령이 적어도 1주일에 2회 정도는 정기적으로 국무총리를 만나서 보고도 듣고 상호의견을 교환하는 기회를 가져야 할 것이다.

이상과 같은 건의안이 채택되어 제6공화국 출범 이후 지금까지 대통령에 대한 국무총리의 주週 1회 보고가 정례화됐다. 그 후 국민의 정부에서부터 참여정부의 고건 총리까지는 대개 격주로 청와대 보고가 이루어지다가, 이해찬은 주례보고의 틀을 벗어나 공식·비공식으로 자주 대통령과 회동했으며, 한명숙과 한덕수는 월

요일 오찬으로 주례회동을 대신했다. 주례회동은 이명박 정부, 박근혜 정부까지 이어지고 있다.

대통령의 성격과 국무총리의 업무 스타일에 따라 주례회동 준비 등에 있어 그 내용이 다르지만, 어떻든 대통령과 국무총리가 정기적으로 만나서 허심탄회하게 의견을 나눈다는 것은 국정에 큰 도움이 될 것만은 확실하다고 하겠다. 이에 대한 학계의 평가도 '대단히 좋은 만남'으로 긍정적으로 평가하고 있다. 이 보고가 선례가 되어 한동안 여당 대표도 주 1회 정례적으로 대통령에게 주례보고를 하는 관계가 성립되기도 하였다.

2) 기타 비공식 회동

앞에서도 지적했듯이 국무총리 입장에서 대통령의 의중을 파악하는 것이 매우 중요하기 때문에 대부분의 총리들은 청와대 수석비서관들과의 관계 개선에 노력한다.

취임 후 일정 기간이 지나면 국무총리는 청와대 수석비서관들을 개별적으로 만찬에 초대하는 경우가 있으며, 이때는 대개가 총리공관을 활용하고 특별한 경우에 시내 음식점으로 초대하지만, 될수록 비공개·비공식으로 이루어진다. 왜냐하면 대통령을 직접 보좌하는 비서관들을 국무총리가 사석으로 초대하는 것은 자칫 오해를 살 소지가 있기 때문이다.

이와는 별도로 국무총리가 어떤 정책 현안에 대해 관계장관회의를 소집할 때 청와대의 관계수석비서관을 참석시켜 청와대의

감을 잡아 회의 진행에 참작하거나 또 회의 분위기나 행정부의 생각을 수석비서관을 통해 대통령에게 전달되도록 하는 방법을 택하기도 한다.

이때 청와대 수석비서관의 발언 수준이나 행동은 회의 진행에 큰 참고가 된다. 제6공화국 2기 내각 당시, 치안 관계 장관회의를 소집했을 때 당시 청와대측에서 참석한 행정수석비서관의 태도가 회의 참석자들의 눈에 거슬려 화제가 된 일이 있었다. 국무총리 주재로 열린 이날 회의에서 청와대 수석비서관은 먼저 현안 문제에 대한 대통령의 말씀을 전달하겠다며 회의 주제 내용에 대해 '대통령의 뜻'을 전한 다음 "회의에 참석한 김에 저의 생각도 말씀드리겠다."고 하고는 장황하게 발언하였다. 그러자 회의를 주재하던 국무총리가 "대통령의 뜻만 전달한 것으로 하고 개인 의견은 차후 발언권을 얻어서 말씀해달라."며 발언을 중지시키자 회의에 참석했던 다른 장관들이 회심의 미소를 지은 예가 있다.

이러한 경우는 국무총리가 대통령과의 통로를 통해 간접적으로 행정부의 뜻을 대통령에게 전달하려던 취지가 크게 빗나가 청와대와 총리실의 관계가 어색해지는 경우에 해당된다. 이럴 때는 회의가 끝난 뒤 총리실에서는 비서실장이 나서 청와대 수석비서관의 오해를 풀어주고 정지整地 작업을 해야 한다.

그래서 총리실 주변에서는 "개성이 강한 총리를 모시기가 무척 어렵다."는 푸념이 나오지만 이러한 일이 행정부처에 있어 총리실의 위상을 높이는 효과도 있다.

대통령이 종종 비공식적으로 총리공관을 방문하는데, 이로써 대통령과 국무총리의 비공식 만남이 이루어진다. 대통령은 일정이 비교적 한가하거나 무료할 때 이웃 마을 가듯이 간편한 차림으로 총리공관을 찾는 일이 드물게 있다. 이때는 대통령이 몇몇 장관을 총리공관으로 오도록 연락하는데, 단둘이 만나는 경우는 극히 드문 일로 알려져 있다. 박정희 이후 역대 대통령은 재임 중 몇 차례 총리공관을 방문한 것으로 밝혀졌는데, 이 방문은 대개 저녁에 이루어져 간단한 대화 자리가 된다. 이 자리는 국무총리 입장에서 어떤 음식을 대접하느냐가 무척 신경이 쓰인다. 노신영의 경우는 원래 본인이 농사일에 취미가 있어 공관 내에 조그마한 채마밭을 만들어 채소를 직접 길렀기 때문에 기른 채소로 대접하여 화제가 되기도 했다.

제2장 국무총리의 정책 조정 사례

1. 치산녹화治山綠化 10개년 계획 수정

우리나라 역대 정권 중 대통령의 권한이 가장 강력했던 제4공화국 초기에 있었던 한 정책의 입안 과정을 소개함으로써 당시 국무총리가 어떻게 정책기획단계에서 조정 역할을 했는지를 살펴보고자 한다.

이른바 유신維新 체제를 구축하여 김종필 국무총리가 새 헌법에 따라 국회로부터 임명동의를 받아(1973. 3. 13), 사실상 유신 체제의 첫 총리로 일하기 시작한 지 1주일 전후였다. 1970년대 초 극심한 가뭄으로 농업용수農業用水 확보에 고초를 겪은 정부는 가뭄의 항구적 대책으로 산림녹화 정책을 추진키로 하였다. 강력한 치산녹화治山綠化 정책을 추진하기 위해 당시 농림부 산하에 있던 산림청을 내무부 산하로 이관시켜 지방 행정력을 동원시켜 이 정책을 추진키로 했다. 이에 따라 산림청을 내무부로 이관시키는 정부조직법 개정안을 비상국무회의에서 의결하여(1973. 2. 23), 1973년 3월 2일부터 산림청이 정식으로 내무부 산하기관으로 편입되었다.

당시 내무부장관 김현옥金玄玉은 정책추진력이 강해 '불도저'라는 별명이 붙어 있는 터였다. 김현옥은 군 출신으로 5·16에 가담하여 부산시장을 하면서 그 능력을 인정받아 서울시장에 임명되자, 청계천 고가건설, 여의도 개발 등 눈에 띄는 행정을 벌여 내무부 장관으로 영전된 인물이었다. 또한 당시의 산림청장은 손수익孫守益으로 그는 내무부에서 잔뼈가 굵은 정통 관료로 모든 일에 치밀하고 정확하여 '전자두뇌'라는 별명이 나 있었다. 이들의 치밀한 계획과 강력한 추진력을 바탕으로 박정희는 산림녹화 정책을 펴나갈 계획을 세운 것으로 보인다.

이와 병행하여 정부는 산림법을 개칭하여(1973. 2. 16), 정부가 산주山主를 지정하여 법적으로 지상권을 설정해주고, 대리식목代理植木을 가능케 하고 전국 경찰에 산림보호령을 내려 산림보호에 총력을 다하도록 지시했다.

이러한 분위기 속에서 김현옥은 1973년 3월 10일 이른바 '푸른유신운동'이라고 하는 제1차 치산녹화 10개년(1973~1982)계획을 발표했다.

총 903억 원을 투입, 21억 3천 3백만 그루의 나무를 심는 것을 골자로 하는 다음과 같은 총 32개의 중점시책을 발표했다. 다음은 그중 일부이다.

- 4월 1일부터 5월 31일까지 전국의 모든 산주를 등록케 한다.
- 산의 무단출입을 통제하기 위해 일반 국민에게는 입산증入山證을, 담당 공무원에게는 산림감시증을, 산주에게는 산주증山主證을 주어 증명서 소지자만 입산케 한다.

- 건축, 토목, 가구포장을 철재 또는 플라스틱으로 대체한다.
- 연료식 아궁이를 열관리식으로 모두 개조한다.
- 산지묘山地墓 신설을 금하고, 시읍면 단위로 공동묘지를 마련한다.
- 마을 조림造林, 기관 조림, 학교 조림, 회사 조림지를 지정한다.
- 산지에의 무단출입을 금지한다.

이와 아울러 ① 산림법 개정(산림사범에 대한 벌칙 강화), ② 산림개발법 제정, ③ 입목立木에 관한 법(입목에 저당권 설정), ④ 임산물 단속에 관한 법(임산물 반출증 없으면 부정 임산물로 간주), ⑤ 조림 교육체계 강화법 등 관계법을 제정 또는 개정하여 정책을 뒷받침하기로 했다.

그러나 이와 같은 일련의 정책기획 단계에서 당시 국무총리실은 깊이 관여하지 못한 것으로 알려졌다. 당시의 권력체계상 김현옥은 이른바 청와대 직계 장관으로 일련의 정책입안 과정에서 총리실과의 논의를 배제한 채, 청와대와 직접 접촉하여 박정희의 내락을 받고 정책을 추진하는 방법을 썼다.

김현옥은 이 정책추진을 위해 지방 행정기관장을 독려하는 과정에서 1973년 3월 24일 전주에서 전국 시·도지사 회의를 소집하여 다음과 같은 조치를 지시했다.

① 공공기관이나 접객 업소는 일체 임산연료 사용을 금지한다.

② 모든 사찰寺刹의 아궁이를 고쳐 임산물연료 사용을 금하고 온돌방은 매트(다다미)방으로 개축한다.

③ 마을마다 연료 수급 카드를 비치하여 연료 수급에 활용한다.

④ 낫, 도끼, 갈퀴 등 모든 연장과 기구는 파출소, 지서, 통, 반장집에 보관하고, 입산 허가 시에만 반출토록 한다.

이러한 조치가 발표되자 전국 각지에서는 예상치 않은 부작용과 주민의 반발이 일기 시작했다. 그 예로는 땔감 부족으로 소를 키울 수 없어 전국 농가의 소 값이 폭락하고, 나무로 만들던 생선상자 값이 폭등하여 생선 유통이 막히고, 탄광 갱목坑木 구하기가 어려워 채탄採炭 실적이 부진하고, 입산금지 조치로 전국 사찰의 승려들과 농민들이 대안 없는 정책에 반발하여 대규모 시위를 계획하는 등 민심이 흉흉해지기 시작했다. 당시 언론과 정보기관에서는 갑오 동학혁명 이래 민란民亂이 일어날지 모른다고 우려하였다.

당시 김종필 총리는 언론과 관계기관으로부터 이러한 민심 동향을 보고 받고 국무회의에서 이 문제를 논의 결정하기로 방침을 세웠다. 당시 총리실 분위기는 내무부가 너무 지나치게 몰아붙여 정권적 차원의 문제가 야기될지도 모른다는 우려와 함께 완화책을 강구하야 한다는 의견이 지배적이었다. 국무회의에 〈치산녹화 10개년 계획(안)〉이 상정된 1973년 3월 27일 아침부터 총리실에서는 이 계획의 부작용을 중점적으로 검토하여 완화책을 강구하기로 방침을 세웠다.

당시 국무위원 중에서 비교적 김종필에 가까운 사이로 알려진 민관식閔寬植 문교부장관, 윤주영尹胄榮 문공부장관, 구태회具泰會 무임소장관 등에게는 사전에 이 계획안에 대한 문제점을 알리고 국무회의에서 적극적인 발언을 해줄 것을 요청한 것으로 전해져, 이날의 국무회의는 언론과 관가官街의 관심을 집중시켰다.

오후 4시부터 시작되던 당시의 국무회의는 보통 1시간 이내에 끝나는 것이 관례였으나, 이날은 총리실 공보관계자들이 미리 "오늘 국무회의는 밤을 새울지도 모른다."는 귀띔을 해서 더욱 관심을 끌게 했다.

밤 8시까지 4시간 동안 진행된 이날의 국무회의가 끝나고 발표된 내용은 "치산녹화 계획의 내무부 안은 일단 백지화하고, 내무부가 관계부처와 협의해서 다시 안을 만들도록 했다."는 것이었다.

이렇게 하여 한동안 온 나라를 들끓게 했던 내무부의 치산녹화 계획은 사실상 백지화되고, 약 3개월의 재검토 기간을 거쳐 1973년 6월 21일 당초 내무부 안보다 대폭 완화된 선에서 결정 발표되었다.

이날 국무회의에서 김종필은 벽두에 "우리 농촌 실정을 충분히 감안한 좋은 의견을 기탄없이 말해달라."고 국무위원들의 발언을 유도하고, 결론이 난 뒤에는 "중요 국가정책에 대해 주무부처는 단독으로 정책을 입안하지 말고 관계부처와 협의해서 결정하도록 하라."고 지시하여, 정책기획(형성) 과정에서 국무총리가 조정역할을 하는 중요한 실례를 보였다.

6월 21일 확정 발표된 치산녹화 계획은 ① 입산통제 구역을 크게 완화하고, ② 입산증·산림감시증은 폐지하며, ③ 잡목은 솎아내어 연료로 사용하고, ④ 이른바 추풍령식 간벌(밭고랑 같은 형태의 간벌 방법)을 장려하고, ⑤ 입산금지 지역은 보안림, 채종림, 학교림, 사방공사 시행 후 5년 이내 지역으로 지정하기로 했다.

이상의 과정에서 대안 없이 무모하게 추진되는 탁상공론卓上空論식 행정이 얼마나 큰 부작용을 초래하고 국민에게 불편을 주느냐는 점과 정책의 여과濾過 과정이 반드시 필요하다는 점을 살펴볼 수 있다.

우리나라 전국의 산이 현재와 같이 우거질 수 있었던 것은 그때부터 정부가 삼림녹화에 역점을 두어 추진하였고, 연탄, 가스 등 대체연료를 개발하여 활용하였기 때문이다. 이는 정부가 장기적인 안목을 가지고 정책을 추진하는 것이 얼마나 중요한 것인가를 보여주는 실례이다.

2. 물관리 종합대책 수립

1) 수질 관리 개선대책

이회창 총리가 취임한 지 3주일 정도 되는 때에 낙동강의 수질오염水質汚染 사태(1994. 1)가 일어났다. 당시 정부는 이 사태와 관련하여 1월 15일 국무총리실 중심으로 다음과 같은 '수질개선 대책'을 수립 발표했다.

(1) 단기 대책

- 수질 감시 체계 확립 및 사고발생 시 즉응체제 구축
- 정수장淨水場에 대한 기술 지원

(2) 수질 관련 시설 건설을 위한 재정지원 확대

- 하류지역 고도정수시설 설치에 대해 총 사업비 1/2을 국고 보조
- 상수원 상류의 하수처리장 건설재원의 조기 확보를 위해 국고 융자
  - 고도정수장처리시설 신설(1997년까지 19개소 신설)
  - 광역상수도 확충(현재 11개소에서 1997년 22개소로)
- 자치단체가 설치하는 상수원 상류의 축산폐수처리장의 경우 설계비는 전액 국고 보조. 시설비(국고 70%, 지방비 30%) 중 지방비 부담분은 국고 융자
- 민간의 축산폐수처리 시설에 대해 보조 및 융자 대폭 확대

(3) 수계별水系別 주요 현안 시설 확충

- 하수처리장(1993년 24개소에서 1997년 86개소로)
- 축산폐수처리시설(1993년 2개소에서 1996년 27개소로)

(4) 수질관리기능 일원화 및 수량·수질기능 간 유기적 협조체제 확립

- 수질 관련 관계부처 기능조정
  - 건설부가 담당하던 상하수도 관련 기능과 보사부의 음용수

飮用水 관리 기능을 환경처로 이관
- 지방자치단체가 실시하던 공단지역 배출업소 단속권한을 환경처로 이관, 구체적인 기능조정은 총무처가 검토 결정
- 전국 4대 수계별 환경관리청 신설 및 4개 수계별 수질검사소 설치

(5) 전문인력 확보 및 장비 보강

(6) 기존환경 기초시설 등의 운영개선

(7) 기타

- 음용수 수질기준 강화
- 농어촌 간이상수도 시설 개량
- 불량수도관 개체改替
- 민간참여하에 수계별 수질실태 조사 및 공개 추진
- '맑은 물 지키기 위한 범국민운동' 전개 등

총리실은 이 대책을 발표한 뒤 환경처, 건설부, 내무부, 교육부 등 9개 부처에 공문을 보내 수질관리 개선대책 발표에 따른 후속조치를 마련해 보고토록 지시했다.

그러나 환경처는 즉각 '수질을 효과적으로 관리하기 위해서는 수량까지 일괄 관리하는 것이 타당하다.'면서 '건설부와 시도가 맡고 있는 정수장 건설운영과 상하수도 업무 및 조직예산이 모두 환경처르 넘어와야 한다.'는 입장을 표명했다.

이에 대해 건설부는 '업무성격상 물공급, 즉 원수原水 생산과 정

수장까지의 공급 문제는 건설부에서 관장하는 것이 합리적'이라고 환경처의 견해에 강한 반발과 함께 '정수장과 광역상수도 사업은 인구 및 도시계획과 직결돼 있을 뿐 아니라 토목, 건축, 기계, 전기설비 등과 관련된 기술 문제이므로 건설부 소관'이라는 입장을 나타냈다.

한편 내무부 및 지방자치단체는 "물관리를 중앙부처로 일원화하더라도 어차피 일선 행정조직의 도움 없이는 물관리를 효율적으로 하기 힘든 이상 하천관리는 하천유역 관련 지방자치단체에서 담당하는 것이 고려되어야 한다."고 각각 주장했다. 이와 같은 각 부처들의 이견異見이 언론에 보도되어 이른바 부처이기주의部處利己主義가 표면화되었다.

그렇지만 총리실의 대책에 이어 경제기획원에 의해 '낙동강 수계 투자 계획'이 수립 발표되고(1994. 2. 1), 뒤이어 관계부처 합동으로 세부 추진계획이 발표되었으며, 1994년 4월 8일에는 경제기획원에 의해 '한강, 금강, 영산강, 수계水系 투자계획'이 발표되었다.

또한 5월 4일에는 수질관련 관계부처의 기능조정이 이루어져 건설부의 상하수도 관련기능과 보사부의 음용수 관리기능이 환경처로 이관되어 환경처에 상하수도국이 신설되고, 지방자치단체가 실시하던 공단지역 배출업소 단속권한이 환경처로 이관되었으며, 전국 4대 수계별로 환경관리청과 수질검사소가 설치되어 환경처의 기능이 대폭 확대되었다.

이와 같은 부처 간 기능조정에 뒤이어 1994년 5월 24일에는 국무총리 훈령 제296호인 '수질관리 업무통합 지침'을 발령하여 환경처와 건설부의 유기적 협조를 강조했다.

일련의 조정과정에서 국무총리가 이회창으로부터 이영덕李榮德으로 바뀌었으나, '수질개선대책'이 총리실의 조정을 통해 성공적인 대책으로 평가받게 된 것은 대책수립 초기에 이회창 총리가 개인적인 역량을 발휘하여 경제기획원의 동의를 받았기 때문이라는 것이 당시 공무원 사회의 평가였다.

그러나 당시 총리실의 개선대책이 발표되자 관련부처가 일제히 이의를 제기한 것이라든지, 정부의 수질개선 대책과 관련한 부처간 기능조정 문제를 총무처에서 검토토록 유보한 것 등은 총리실의 정책조정 역할에 대한 정부 내 반응과 실효성 문제를 나타낸 것으로 볼 수도 있다.

2) 물관리 종합대책

앞에서 설명한 '수질관리 개선대책'은 현재 정부에서 추진하고 있는 물 관련 대책 중 제2단계(1994~1997) 대책이다. 제1단계로 정부는 1992년 8월 처음으로 '맑은 물 공급대책'의 재검토를 시작하여 1993년 4월까지 관계부처 실무자 협의를 계속해오다가, 1993년 7월 김영삼 정부의 신경제 5개년계획 기간(1993~1997)에 맞추어 기존에 있던 물 관련 대책들을 통합하여 '맑은 물 공급 종합대책'을 수립했다.

이 계획은 국민들이 안심하고 마실 수 있는 맑은 물을 공급하기 위해 주요 4대강 수질의 1, 2 급수 개선을 목표로 하고, 원수 수질개선과 상수도 공급개선에 5년 동안 15조 9,788억 원을 투자하도록 했다. 주요 계획지표는 하수처리율을 37%에서 73%로, 상수도 보급률을 81%에서 86%로, 광역상수도 비율을 27%에서 40%로, 환경기준 달성률을 17.4%에서 83%로 각각 끌어올린다는 계획이었다.

이 계획의 진행 도중에 앞서 말한 낙동강 오염 사태가 일어나 수질개선 대책이 발표되었으나, 다시 1996년 3월 21일 김영삼 대통령의 환경복지구상 발표 당시 '물관리 종합대책' 수립을 지시함으로써 제3단계의 '물관리 종합대책'이 확정되었다(1996. 8. 12).

1997년부터 2011년까지 15년간 약 90조 6천 5억 원이 소요되는 이 계획은 1996년 5월 10일부터 3개월간 행정조정실 중심으로 관계부처회의와 '물관리 종합대책 조정위원회' 등 각종 위원회 조정을 거쳐 확정됐다.

기존의 수질개선 사업을 통합·조정하여 근본적·체계적으로 추진하기 위해 국무총리를 위원장으로 하고 관계부처 장관(7명)과 관련 광역 자치단체장으로 '물관리정책조정위원회'를 설치운영하는 이 계획은 수자원의 지속적 개발로 전국 어디에나 맑은 물을 풍부하게 공급하고 모든 상수원을 2급수 이상으로 개선하는 것이 목적이었다.

주요 계획지표는 1995년을 기준하여 2011년까지 하수처리율을 45%에서 80%로, 상수도 보급률을 82%에서 95%로, 광역상수도 비율을 35%에서 65%로, 환경기준 달성률을 13.8%에서 100%로 각각 상향시킨다는 것이었다.

이 계획 추진을 위해 필요한 법령 정비 일환으로 정부는 상수도 수질개선을 위한 특별조치법안을 마련했다. 이 법안은 ① 상수원에 미치는 영향 정도에 따라 상수원 보호지역을 4개 구역으로 구분 관리하고, ② 4대강 전 수계를 구간별로 나누어 목표수질을 설정하고 유역 내 오염물질을 총량 관리하며, ③ 수질개선 및 주민지원 사업의 소요재원 확보를 위해 수도사업자의 출연금 국고 및 지방비 등으로 상수원 관리 특별회계를 신설하며, ④ 4대강 유역별 물관리 업무를 협의 조정하기 위한 유역별 '물관리 대책위원회'와 상수원 수질검사 및 평가를 위해 수질감시 평가단을 설치운영하는 것 등을 골자로 했다.

1997년 7월 1일부터 시행을 목적으로 국회에 제출했으나 여·야 모두가 1997년 대통령 선거에 영향을 준다는 이유로 처리를 늦추어 계획된 시기부터 실시는 불가능했다. 정치권에서는 별도의 낙동강 특별조치법 제정을 주장하는 부산권과 팔당호 주변 규제 등 명문화하는 것을 반대해온 팔당호 유역권의 민심을 잡기 위해 여·야가 처리를 늦추는 데 묵시적으로 동감했다는 지적이었다.

국가 장래와 관련되는 법안을 정치권의 일시적 이해관계로 심의를 늦춘 사례라 할 수 있다. 이 계획은 1998년 2월 대통령직 인수위원회에서 불필요한 예산이 낭비됐다는 지적을 받았으나, 그 후 정부대책회의에서 물관리를 위해 1998년에 5조 원을 투자하기로 했다.

제3장 국무총리의 국무위원 임명제청권 행사의 허와 실

국무총리는 조각組閣이나 개각改閣 혹은 보각補閣 때 장관을 몇 명이나 어떻게 제청할까.

국무총리의 국무위원 임명제청권任命提請權 행사 문제는 지난 5·6공화국 당시 국회의 대정부질문에서 단골메뉴로 등장했고, 총리(서리)와 장관 인선 내용을 동시에 발표하는 것은 위헌違憲이라는 주장까지 내세워 그 부당성을 지적한 사례는 앞에서 설명한 바 있다.

과연 대통령은 반드시 국무총리의 제청을 받아 국무위원을 임명해야 하는지에 대해서는 논란이 있다. 대통령의 각료 임명은 행정부 장악을 위해 가장 중요한 기능으로 그것을 총리에서 제청하도록 한 것은 모순이라는 견해도 있다.

그러나 헌정사憲政史를 볼 때 최초 제헌헌법과 제2공화국 헌법을 제외하고 역대 헌법은 국무위원은 국무총리의 제청으로 대통령이 임명하도록 규정하고 있다. 다만 최초로 국무총리의 국무위원 임명제청권을 부여한 제1차 개헌(1952. 7. 7)에서의 규정은 "국무위원은 국무총리의 제청에 의하여 대통령이 임면任免한다."(제69조 제4항)로 규정하여 임명뿐 아니라 해임까지도 국무총리의 제청권으로 인정했다.

그러면 실제로 역대 대통령은 국무위원 임명에 있어 국무총리의 제청권을 어느 정도 활용했는지는 당시 대통령과 국무총리 단 두 사람만이 정확히 알 수 있는 인사 비밀이겠지만 전후의 정황이나 기록을 살펴보면 국무위원(장관) 임명에서 국무총리의 역할을 어느 정도 엿볼 수 있다.

1948년 8월 4일 대한민국의 첫 조각 내용이 발표됐을 때의 얽힌 얘기를 살펴보면, 우선 장택상張澤相 외무장관과 윤치영尹致暎 내무장관의 임명을 놓고 누가 보더라도 군정 시 수도경찰청장을 지낸 장택상이 내무를 맡고, 내무 행정에 경험이 없는 윤치영이 외무를 맡을 것이라는 일반의 예측을 뒤바꾼 것으로 평가됐다.

이에 대해 장택상은 "이범석 총리와 윤 씨의 특별한 친분으로 두 사람이 합동작전을 펴서 내무로 내정된 나를 외무로 바꿔치기 했다."고 단정했다. 이범석과 윤치영과의 특별한 관계란 두 사람이 같은 학교 선후배(이범석이 경기고 1년 후배)일 뿐 아니라 윤치영 부인이 이범석 부친의 수양딸이 됐고, 이범석과 윤치영 부인이 국민학교 동기라는 것이었다. 그 후 장택상과 윤치영은 사사건건 의견 대립으로 국무회의에서도 말썽이 되어 이승만 대통령의 특별지시로 이범석과 박용만朴容萬 비서관이 화해를 붙였다는 일화가 있다.

그러나 당시 조각組閣에 얽힌 일화를 종합해보면, 허정은 "제헌 헌법에는 총리의 국무위원 제청권이 없기는 했지만 이 박사는 총리의 의견 제시부터 막아버렸다."고 했고, 이인李仁 법무장관은 조각과 관련하여 "이 박사는 총리 의견은 내가 알고 있으니 내게 맡겨라. 철기鐵驥(이범석)가 어떻게 정치적인 문제를 알겠느냐."고 조각 인선권에 대한 이승만의 독자성을 강조했다. 이승만의 독자 인선권은 광범위한 의견을 참고한 독자적인 선택이었다는 것이다.

문교부 장관으로 입각한 안호상安浩相은 "라디오를 듣고 내 이름이 각료 명단에 끼어 이범석 장군과 같이 족청族靑을 했기 때문에 그분이 추천하여 입각했나 보다 하고 생각했는데, 나중에 알고 보니 그것도 아니었다."며, 후에 "철기가 이 박사와 조각에 대해서 의논한 바도 없고 나를 문교부장관으로 추천한 일도 없다고 했다."고 술회했다.

이와 같은 회고담과 정황을 분석해보면 이승만은 첫 번째 조각 당시 국무총리 이범석의 의견이나 추천을 참작하지 않았던 것으로 보인다.

그러나 제2대 장면 총리는 주미대사에서 국무총리로 부임(1951년 초)한 뒤 얼마 후에 있었던 5월 개각 당시, 총무처장 한동석韓東錫, 법무장관 조진만趙鎭滿, 농림장관 임문환任文桓 등을 임명하는 데 결정적인 역할을 한 것으로 전해졌다. 물론 당시에도 국무위원 임명에 국무총리 제청권은 없었다. 그 후 제1공화국 시절 이승만 대통령 밑에서 역대 국무총리가 국무위원 임명제청권을 어느 정도 행사했는지에 관한 자료가 거의 없다.

내각책임제인 제2공화국 헌법에는 국무위원은 국무총리가 임면하여 대통령이 이를 확인토록 되어 있어, 국무위원 임명은 전적으로 국무총리 책임 하에 이뤄지기 때문에 논의의 대상이 되지 않는다.

이어 제3공화국 헌법부터 국무위원은 국무총리의 제청으로 대통령이 임명하게 되었으나, 제1공화국 헌법에서와 같이 면직(해임) 부분은 국무총리의 제청권이 삭제되었다.

제3공화국 초기 내각 구성에서 국무총리의 제청권 행사가 어느 정도였는지에 관한 증언을 해줄 만한 당사자들이 거의 고인이 되었지만, 국무총리의 제청권 행사가 크게 발휘하지는 못했을 것으로 추측된다. 제3공화국 초기 총리를 지낸 정일권은 그의 회고록에서 "8명의 각료를 바꾸는 데 내 의견은 거의 반영되지 않았다. 나 자신이 될 수 있는 대로 의견을 내놓지 않았다. 대통령 의중 인물을 우선시키는 것이 도리였기 때문이다."라고 쓰고 있다.

그러나 1971년 4월 27일 박정희 대통령이 제7대 대통령으로 다시 당선되고 이어 6월 초 김종필이 국무총리로 임명된 첫 조각 내용을 살펴보면 총리의 제청권이 발휘된 것으로 풀이된다.

당시 공화당 내에는 이른바 신주류인 4인 체제(김진만金振晩, 김성곤金成坤, 백남억白南檍, 길재호吉在號)와 김종필을 중심으로 한 구주류인 반反 4인 체제가 형성되어 정치적 대결이 심각한 때인 만큼 내각 구성의 면모가 확연히 구별될 수밖에 없었다.

당시 내각의 각료 중 오치성吳致成 내무, 민관식閔寬植 문교, 윤주영尹冑榮 문공 등은 대표적인 친 김종필 라인으로 분석되어 김종필의 천거가 있었지 않았겠느냐는 추측을 낳게 했다. 오치성은 결국 4인 체제의 주동으로 국회에서 해임이 의결(1971. 10. 2 이른바 '10·2' 파동)되는 상처를 입었고, 이 세력 다툼은 다음 해 꼭 1년 만에 유신維新으로 끝을 맺었다.

유신 이후는 대개 12월 중순 정기국회가 끝나고 연례행사로 개각이 이루어졌다. 유신 이후 개각 당시 새로 임명되는 장관이나 해임되는 장관에 대한 통고는 당시 김종필 총리와 최규하 총리에 의해 이루어졌다. 이 과정을 보면 당시에는 개각이나 보각에 있어 국무총리의 역할이 있었던 것으로 보이지만, 구체적으로 인물 천거를 얼마나 했는지는 밝혀지지 않고 있다.

박정희 대통령 밑에서 9년 3개월 동안 비서실장을 지낸 김정렴은 그의 회고록에서 박정희는 개각 구상이 결정되면 총리와 상의에 들어가는데, 이때 총리의 건의에 따라 명단의 일부가 수정되거나 명단에 없던 사람이 기용되기도 하였으나, 대체로 비서실이 후보로 물색하여 보고한 인사가 기용되는 등 비서실 보고가 인선에 많이 반영되었다고 밝혔다.

그의 비서실장 재임기간이 1969년 10월부터 1978년 12월까지이기 때문에 주로 유신시대인 김종필·최규하 총리 당시라고 볼 수 있다.

김정렴은 이어 개각 때의 인선과 관련하여 "개각 때에는 대통령이 직접 지명하는 내무, 법무, 국방과 무임소장관을 제외한 각 부처 장관에 대해 복수로 물색해보라는 분부가 있어, 정무 1·2, 경제 1·2, 공보수석비서관과 소리 없이 상의해서 명단을 작성 보고했다."고 밝혀, 당시는 장관의 물색이 수석비서관 선에서 이루어졌음을 말해주고 있다.

여기서 한 가지 중요한 사실은 제3공화국 이후 정부 인사에 깊이 관여하고 있는 것으로 알려진 민정수석비서관을 인선팀에서 배제시켰다는 점이다. 그 이유에 대해 김정렴은 "정보비서실을 가지고 있는 비서관이 인사에 간여한다는 사실이 알려지면 청와대에는 경쟁 상대자를 끌어내리고 자기를 추켜올리는 정보와 첩보가 홍수처럼 밀려들 우려가 있다고 생각해서 정보와 첩보를 다루는 민정수석 비서관을 참여시키지 않았다."고 밝히면서 자신과 관련됐던 정보의 진위眞僞를 설명하여 많은 시사점을 제시했다.

그는 "본인의 아들과 며느리가 유학 당시 학교에서 제공한 허름한 아파트에서 고생하고 있는데도 아들, 며느리가 일류 주택가 호화 아파트에서 생활하며 교민 사회의 빈축을 사고 있다."는 첩보를 박정희가 제시하여 이를 해명했으며, 평소 잘 아는 우수한 공무원에 대해 부인과 가정 교사에 대해 좋지 않은 소문이 돈다는 엉터리 보고를 받고 그 후부터는 경찰 첩보를 읽지 않았다고 밝혔다.

제5공화국에 들어와서는 앞에서 지적한 대로 대통령 비서실의 사정司正비서실이 정부의 국장급(3급) 이상의 공무원 인사에 직접 개입하여 총체적 인사를 했기 때문에 국무총리의 국무위원 제청권 행사 흔적이 별로 없다.

국무총리로부터 입각 통보를 받던 제4공화국과는 달리 입각 통보는 특별한 경우를 제외하고는 청와대로부터 직접 받거나 방송을 통해서 처음 알게 된 경우도 많다. 당시 장관을 지낸 한 인사는

"발표 몇 시간 전에 청와대측으로부터 귀띔을 받았으나, 방송을 듣고 확실히 알았다."고 밝히면서 "본인은 국회 상임위원회 위원장직을 맡고 있었기 때문에 입각을 정식으로 통고 받을 사항이 아니고 여권 내의 자리바꿈으로 받아들였다."고 설명했다.

또한 제5공화국에서 총리를 지낸 김상협은 그의 전기傳記에서 인사 과정에서 총리의 역할에 대해 "정부인사 발령의 경우 대통령의 낙점과 지상발령(신문보도)이 난 다음 사령장 기안서류가 올라갈 때 총리는 기껏 문서 정리를 위해 형식적 서명을 하는 것이 관례처럼 되어 있었다."고 밝혔다. 그러나 노신영은 그의 회고록에서 "86년 8월 26일 개각 때 최광수崔侊洙 유엔대사를 외무부장관으로 추천했다."고 밝혔다.

어쨌든 이와 같은 설명은 5공화국 당시 장관 인선작업이 제한된 인사 중심으로 전격적으로 이루어지고 있음을 말해준다.

그러나 제6공화국 출범 당시의 조각은 그 상황이 종전과는 판이하게 달랐다. 노태우 대통령 당선자는 취임준비위원회를 구성하여 조각 발표 2주일 전에 국무총리 내정자(이현재)를 발표하고, 총리 내정자와 함께 조각을 했기 때문에 총리 내정자의 인사 천거가 주효했음을 짐작할 수 있다.

그래서인지 당시 내각의 면면을 보면 경제기획원 나웅배羅雄培, 통일원 이홍구李洪九, 재무 이규성李揆成, 문교 김영식金永植, 보사 권이혁權彛赫, 과기처 이관李寬, 문공 정한모鄭漢模 장관 등 이현재 총리와 같은 학계 출신이나 관계가 있는(이규성 총리행정조정실장) 인사들의 면모가 많이 눈에 띈다.

그러나 정권 출범 초기의 이와 같은 분위기도 시간이 갈수록 바뀌어 인사 중심의 축軸이 청와대로 경사傾斜되어 국무총리의 제청권은 흔적이 별로 나타나지 않았다. 특히 3당 합당 이후의 내각 구성은 3계파의 안배 차원에서 정치적으로 이루어져 국무총리의 영역은 좁아질 수밖에 없었다.

김영삼 정부에 들어서 조각과 개각은 예측할 수 없는 대통령 권한 행사 중의 하나였다. 첫 조각 발표 일주일 만에 개각이 이뤄지고 인사의 전격성과 의외성은 역대 정권 중 가장 두드러진 현상이었다.

첫 조각에 포함되었던 한 인사는 조각 발표 며칠 전에 김영삼 대통령으로부터 "이번에 입각하게 될 테니 아무에게도 말하지 말고 기다리라."는 통고를 받고 무슨 장관으로 입각하는지는 발표를 듣고서야 알았다고 입각 경위를 밝혔다. 이와 비슷한 예는 개각할 때 입각한 한 인사도 "자동차 안에서 라디오를 듣고 자신이 장관이 된 줄 처음 알았다."고 실토한 일이 있다.

김영삼 대통령 인사의 전격성은 1994년 4월 이회창 국무총리가 경질되고 이영덕 총리가 임명될 때에도 잘 나타나 있다. 당시 이영덕 부총리는 김영삼으로부터 "총리를 맡아 달라는 전화를 받고 처음에는 이회창 총리를 잘 보살피라는 얘기로 들었다."고 실토한 것은 앞부분에서 지적한 바와 같다.

그러나 국무총리의 장관 천거와 관련하여 이수성 전 국무총리는

TV 회견에서 총리를 그만둘 때 부하였던 사람들(송태호宋泰鎬 비서실장, 이환균李桓均 행정조정실장)을 장관으로 추천한 것이 사실이냐는 질문에, "천거한 것이 사실"이라고 밝힌 바 있다. 이것은 국무총리의 국무위원 제청권 행사와는 다른 것으로 총리가 그만두면서 부하를 승진시켜 준 의리 차원의 보상報償 행위라고 볼 수 있다.

1997년 8월 5일 김영삼의 집권 마지막 개각 역시 청와대 중심으로 인선이 이뤄진 흔적이 역력하다.

김영삼은 개각 10여 일 전인 7월 24일, 비서실 핵심 참모들에게 "26일 청남대青南擡로 휴가를 떠나기 전까지 개각안을 만들어 올리라."는 지시를 했고, 참모들은 26일 오전에 1차로 10여 명이 넘는 각료에 대해 교체 시 대안으로 3배수의 인사안을 올렸다는 것이다.

김영삼은 청남대(대통령 휴양지)에 있는 동안 참모들에게 수시로 보완을 요구했고 4일까지 계속 보완했으나, 이미 김영삼은 정무1장관에 발탁된 홍사덕洪思德 의원에게는 1일 통고했다는 것이다.

국무위원 제청권자인 고건高建 총리와는 5일 주례보고를 15분 만에 끝냈고, 고건은 청와대에서 집무실로 오는 도중에 공관으로 직행하여 퇴임하는 장관들에게 면직 사실을 통고한 것으로 보도되었다.

국민의 정부 출범 과정에서의 첫 조각 발표는 이례적이었다. 대통령 취임 후 일주일이 지난 1998년 3월 3일 김종필 국무총리 내정자에 대한 국회의 동의가 이루어지지 않자 할 수 없이 김영삼 정부의 총리인 고건의 제청을 받는 형식을 취해 첫 조각을 발표했으나, 그 과정은 청와대 수석비서관 임명 절차와 크게 달랐다.

청와대 수석비서관은 그 내정자를 미리 발표하여 언론의 검증을 받는 형식을 취했으나, 첫 조각 발표는 이러한 형식을 밟지 않고 예정된 시각에 청와대 공보수석비서관이 직접 발표했다. 조각 내용은 발표 직전까지 내정자가 바뀌어 본인들은 딴 곳으로 발표되는 줄 알고 있다가 유임되는 경우도 있었고, 입각하는 줄 알고 언론에 자신의 이력서를 배포했다가 회수하는 일까지 있었다. 강인덕康仁德 통일부장관은 발표하는 날 아침 처음으로 전화를 받고 자신의 귀를 의심했다고 털어놓기도 했다. 김종필 국무총리서리 임명 발표는 이날 오후 고건 총리의 사표를 수리하고 발표했다.

국민의 정부에 들어서 국무총리의 국무위원 제청권과 관련하여 특이한 현상이 일어났다. 첫 내각에서 처음으로 경질된 주양자朱良子 보건복지부장관의 경우 취임 초부터 재산 형성 과정에 문제가 있다는 이유로 경질이 거론되다가 급기야 4월 말에 경질되었다. 이 과정에서 김종필 국무총리서리는 후임으로 박영숙朴英淑을 제청했다고 총리실에서 발표했다. 그러나 청와대에서는 복수제청을 해왔다고 발표하는 등 혼선을 빚다가 끝내는 김모임金慕姙으로 결정되는 곡절을 겪었다. 이러한 현상은 과거 어느 정부에서도 없었던 일이다. 다만 국민의 정부는 자민련과의 공동정권이었기 때문에 정권 전반기 상당 기간 양당의 합의각서에 따라 각료 중 일정 부분(5, 6개 부처)은 자민련에 할애되어 자민련 소속의원이나 김종필 총리의 추천 인사가 장관으로 임명되었다. 결과적으로 이 기간에 총리의 제청권이 상당히 발휘되었다.

참여정부에서의 국무위원 임명제청은 대통령 비서실장 중심으로 각 수석비서관과 관계인사가 참여하는 인사추천위원회에서 일차적으로 개별 심사를 하고 최종 2, 3배수 추천 단계에서 국무총리가 개입하여 결정하는 방식을 취했기 때문에, 역대 어느 정부보다 어느 정도 자체 내 시스템화는 됐다고 볼 수 있다.

그러나 2기 정부 구성(2004. 5)을 둘러싸고 사의를 표명한 고건 총리가 통일부(정동영), 보건복지부(김근태), 문화관광부(정동채) 장관 내정자에 대한 제청권을 행사하지 않고 청와대와 마찰을 빚고 사표를 제출하여 개각이 늦어지는 사례가 있었다. 당시의 상황은 후임자가 정치적으로 내정되어 기정사실화 되었기 때문에 총리 입장으로서는 제청권을 행사할 분위기가 아니었다.

이에 앞서 고건은 재임 중 농림부장관 경질 당시 자신도 모르게 후임 장관 내정자(민병채)가 TV에 보도되자 밤중에 청와대에서 인사추천위원회를 열어 내정자를 바꾸고(허상만) 서면으로 인사제청권을 행사하여, 건국 이래 처음 있는 총리의 각료 임명 제청이라는 보도가 있었다.

이명박 정부 이후 국무총리의 국무위원 추천 흔적은 거의 없다.

국무위원 해임 과정에서 총리의 역할은 밝혀진 사례가 거의 없으나, 참여정부에서 한명숙 총리 당시(2006. 8) 김병준金秉準 교육부총리의 교수 시절 논문표절 사건이 표면화되었을 때, 한명숙은 당과 여론의 편에 서서 본인이 사표를 내지 않을 경우 총리의 해임 건의권을 행사하겠다고 쐐기를 박아 문제 해결을 촉진한 사례가 있다.

결론적으로 보면 대통령중심제인 현행 헌법 하에서 국무총리의 인사권 행사는 일반적으로 생각하는 것보다 제한적이라는 답이 나올 수밖에 없다. 그래서인지 1997년 신한국당의 대통령 후보 경선에 참여했던 이홍구(도중 사퇴), 이회창, 이수성 등 전직 총리 3명과 이한동 등은 하나같이 국무총리의 권한을 강화하는 권력균점론權力均霑論과 책임총리제責任總理制를 주장하고 나서 관심을 모았다.

제4장 현행 국무총리 제도의 문제점과 개선방향

1. 문제점

국무총리는 국회의 동의를 얻어 대통령이 임명하고, 국무총리는 대통령을 보좌하며, 행정에 관하여 대통령의 명을 받아 행정 각부를 통할하며, 국무위원은 국무총리의 제청으로 대통령이 임명하고, 행정 각부의 장은 국무위원 중에서 국무총리의 제청으로 대통령이 임명하며, 대통령의 국법상 행위에 관한 문서에의 부서권과 국회출석 발언권을 가진다. 또한 국회는 국무총리에 대한 탄핵소추권과 해임건의권을 갖는다.

이상이 현행 우리나라 국무총리의 권한과 책임을 요약한 헌법 규정이다.

이와 같은 헌법 규정에 의해 정부 제2인자로서의 역할을 담당하고 있는 국무총리 제도에 대해 학자들은 많은 문제점을 제기하고 있다.

우선 국회의 동의를 받아서 임명하는 국무총리의 지위와 권한을 단순한 대통령의 보좌기관이나 행정 각부의 통할조정기관으로 제한함으로써 기관 존립의 헌법상 정당성이 의문시될 뿐 아니라 대통령과 국무총리의 이러한 집행구조 내의 위계질서 때문에 국무총리의 국무위원 임명제청권과 해임건의권이 유명무실해지고 국무총리 해임을 대통령의 임의에 맡기는 것은 그에 대한 국회에서의 임명동의 절차와도 조화되기 어렵다는 것이다.

특히 대통령과 국무총리의 권한과 책임 문제에 대해 "대통령은 권한은 행사하되 책임은 지지 않고, 국무총리는 권한은 없되 책임은 져야 하는 이러한 권한과 책임 간의 불일치 현상은 대통령의 독주를 조장하고 있다."는 지적도 있다.

이 밖에도 집행부를 대통령과 국무총리 등 이중구조로 구성해서 대통령은 권한은 행사하되 책임을 지지 않고 국무총리에게만 책임을 전가시켜 대통령을 성역화聖域化하고 있다고 보는 견해도 있다.

이러한 지적들을 종합해보면 국무총리의 권한과 책임의 불일치는 총리가 대통령의 정치적 책임을 떠맡는 역할, 즉 정치적인 실정失政을 책임지우거나 국면전환局面轉換, 민심수습용으로 활용되는 제도에 지나지 않는다는 것이다.

민주정치의 핵심 과제가 권력분산과 책임정치의 구현이라면 총리의 책임과 권한을 보장하여 대통령 한 사람에게 집중되어 있는 정치권력을 분산시키기 위해서는 총리의 신분이 보장되어야 하고, 이를 위해 정부조직법에 총리의 임기 조항을 신설하여 책임총리제를 구현하자는 주장이 제기되기도 했다.

즉, 막강한 권력을 가진 대통령 한 사람에게 국운國運을 맡기는 현행 권력구조로는 만성적으로 일어나는 정치적 파행을 면할 수 없고, 국민적 통합을 이루기 위해서는 어떤 형태로든 권력분산이 이루어져야 한다는 것과, 현재와 같은 대통령의 단임제를 바탕으로 한 국정책임자의 임기의 경직성硬直性은 대통령이 아무리 일을 잘못해도 임기 동안은 교체할 방법이 없고, 또 아무리 일을 잘 한다 해도 또다시 일을 맡길 길이 없다는 것이다.

이와 같은 국민적 여망을 정치권이 어떻게 수용하느냐 하는 문제는 장기적 국정 과제로 정치, 사회, 경제적인 요소를 감안하여 종합적 국가경영 차원에서 검토되어야 할 사항이라고 본다.

참여정부의 노무현 대통령이 임기 1년을 앞두고(2007. 2. 13) 대통령 임기 1년 단축과 1차 중임의 한 가지(one point) 개헌을 제안했다가 철회했지만, 경험에서 나온 제의라고 볼 수 있다.

2. 개선방향

이상에서 살펴본 것과 같이 우리나라 국무총리 제도에 관한 제도적 변개變改보다는 우선 현행 제도 아래서 그 운영의 묘를 살리는 것이 현실적이라고 본다.

한국의 국무총리는 영국이나 일본 같은 내각제의 수상이나 프랑스의 이원집정부제의 수상과도 다르고, 미국의 대통령중심제의 국무장관과도 다른 독특한 위상을 갖고 있다는 데 국무총리제도의 특징이 있다.

제헌헌법 당시 정치적 타협의 산물로 생겨난 국무총리는 헌법상으로는 대통령 다음으로 행정부의 제2인자로서 제도적 권한이 있지만, 실제상으로는 대통령의 보좌기관으로서 대통령의 권한 행사에 합법성을 부여하고 대통령의 정치적 장애물을 극복하는 데 많은 경우에 희생물이 되었던 것이 사실이다.

다만 역대 몇몇 총리들이 대통령과의 특수한 관계나 시대 상황에 따라 어느 정도 역할을 했고, 국민의 정부나 참여정부에서 정권의 특성과 대통령의 공약에 따라 국무총리의 역할이 증대된 것은 앞으로 국무총리 제도에 대해 긍정적인 시사점으로 평가될 수 있다고 본다.

한국의 국무총리 제도는 우리나라 정치·행정문화에 큰 영향을 미치는 과거 중국의 재상宰相이나 조선조의 영의정領議政 사례가 근저에 흐르고 있어, 제도보다는 제왕帝王과 재상, 왕과 영의정 간의 특수한 인간관계가 무시 못 할 요소로 작용한다. 따라서 제왕과 재상은 때로는 완벽한 파트너가 될 수도 있고, 때로는 철천지원수가 될 수도 있다.

조선조의 성군聖君인 세종世宗과 명재상으로 일컬어지는 황희黃喜 때의 태평성대는 덕과 학문을 겸비한 세종의 의지와 황희의 섬세한 시행과 감리로 이루어진 것이다. 세종 같은 임금에 황희 같은 재상으로 일컬어지는 것은 제도보다는 인간적 관계에 더 비중을 두는 사례로 지적될 수 있다.

우리나라 역대 정권에서 대통령과 국무총리 간의 정치적 문제로 갈등을 빚고 갈라선 사례는 이승만 대통령과 이범석·장면 총리, 윤보선 대통령과 장면 총리, 박정희 대통령과 정일권·김종필 총리, 김영삼 대통령과 이회창 총리, 노무현 대통령과 고건 총리 등이 꼽힌다.

한국 국무총리의 역할과 위상을 제고하기 위해서는 제도적인 변경보다는 인간관계에 기초한 운용면에서 찾아야 한다. 다시 말하면 정부 형태와 관련한 헌법개정 문제는 통일 문제처럼 장기적 안목에서 검토해야 하며, 국무총리 지위에 관한 법 등 실정법에 의한 국무총리 위상 제고는 헌법론적 의미에서나 정치 현실적으로 실현성이 없는 문제이다. 또한 부수적으로 청와대와 국무총리실의 보좌기관 중복 문제나 업무 효율성 문제는 대통령과 국무총리의 역할 분담이 현재화現在化되는 데 따르면 별 문제가 없게 된다.

그렇다면 역대 정권에서 지적 되어온 대통령의 권력 집중을 완화하고 국무총리의 역할과 지위를 실질적으로 제고하기 위해서는 현행법과 제도 아래서의 운용을 통해서도 어느 정도 가능하다고 본다. 그 가능성은 앞서 지적한 참여정부에서 이해찬 총리 당시 어느 정도 방향이 제시되었으며, 그 구체적 방안은 다음과 같다.

첫째, 대통령의 국무총리에 대한 신뢰와 적극적 활용 의지이다.

국무총리의 역할 증대는 결과적으로 대통령의 권한 축소와 직결된다. 대통령이 권력 독점의 욕심을 버리고 시대의 발전과 현실에 맞게 권력의 생산성과 효율성을 높여 국가 발전에 기여하도록 총리에게 가시적으로 역할을 부여해야 한다. 여기에서 중요한 것은 대통령은 국무총리를 정치적 경쟁자나 잠재적 경쟁자로 인식하지 않고 신뢰하는 동행자(러닝메이트)로 인정해야 한다는 점이다.

둘째, 대통령과 국무총리의 역할 분담 정착이다.

행정의 최고책임자는 대통령이지만, 대통령은 외교·국방·중장기 국가전략 업무에 치중하고 일상적 국정은 국무총리가 맡아 책임지고 일을 처리하여 그 결과에 스스로 책임을 지는 풍토를 조성한다면, 국무총리도 스스로 권한과 책임을 갖고 일을 해나갈 것이다.

셋째, 국무총리에게 일정급 이상의 실질적 인사권과 국가예산 감독권을 부여하는 것이다.

대통령의 인사권 중 주요 국무위원, 대통령 직속기관장(감사원장, 국정원장)을 제외하고 국무총리에게 인사의 영향력을 가시적으로 주고 예산감독권(편성, 집행)을 실질적으로 행사케 하는 것이 필요하다. 이는 제6공화국 초기 당시 이현재 총리가 차관급 인사를 총괄하여 공무원 사회의 긍정적 평가를 받은 사례에서도 찾아볼 수 있다. 차관급 이하의 임명장 수여는 총리가 하는 것도 고려할 필요가 있다.

넷째, 국무회의의 위상 제고 및 총리의 역할 증대이다.

현재 형식화되어 있는 국무회의 심의절차를 실질적인 국정 토론의 장場이 되게 하여 총리의 국정조정능력을 가시화하고, 국무회의는 가급적 총리가 주재하도록 하여 내각의 실질적 관리자로서의 위상을 높이는 것이 필요하다. 제4공화국 당시 김종필 총리가 문제되었던 '산림녹화 10개년 계획'을 국무회의에서 무산시킨 것은 좋은 선례이다.

다섯째, 국무총리 스스로 국가관과 소신을 갖고 국정에 임해야 한다.

국무총리의 역할을 제고하는 데는 개인의 역량과 시대 상황도 큰 몫을 하는 것이기 때문에 국무총리 스스로 대통령과 동행자라는 인식을 갖고 대통령과 국민 사이에서 대통령에게 올바른 건의를 하고, 방향이 설정되면 국민을 설득 교화해서 이끌어나가는 적극적인 자세가 필요한 것은 두말할 나위가 없다. 이 밖에도 대통령과 국무총리의 공식·비공식 접촉의 정례화 내지 확대, 대통령과 국무총리 보좌진 간의 교류 등 실무적 문제들이 제시될 수 있겠으나, 한마디로 제도에 대한 성급한 시비보다 먼저 그동안 우리 정치행정문화에 익숙해진 국무총리 위상을 제고시켜 권력의 분권화를 정착해나가야 한다고 본다.

우리나라 국무총리 제도는 제도 자체보다는 그 운영의 묘妙가 중요한 점임을 밝히는 실증적 예가 있다.

대통령의 권한이 우리 헌정사상 가장 강력했던 제4공화국의 이른바 유신헌법維新憲法 아래서 국무총리를 지낸 사람은 김종필, 최규화, 신현확, 박충훈, 남덕우 등 5명이다.

그러나 이들 역할과 평가는 매우 다르다. 정치적 격동기에서 정치총리라고 일컬어지는 김종필은 여·야를 넘나들며 박정희 대통령을 정치적 공격으로부터 보호했으며, 실무총리로 평가되는 최규하는 체제 안정 후에 현장 확인 행정과 공직사회 안정에 기여했다.

그런가 하면 10·26 사태 후 권력의 진공 상태 아래서 신현확 총리는 해박한 지식과 굳건한 자세로 최규하 대통령을 보필했으며, 제5공화국 출범 과정에서 남덕우 총리는 경제 안정과 발전의 기틀을 마련함으로써 전두환 대통령을 경제 안정 기반 위에서 출발하도록 역할을 했다고 평가된다.

다시 말하면 국무총리의 역할은 대통령의 신뢰, 시대적 상황, 총리 개인의 역량 등 3가지 요소가 결합될 때 시너지 효과가 난다고 볼 수 있다.

부록

부록 1 역대 헌법의 국무총리 관계조문

■ 제헌헌법(1948. 7. 17)

제68조 국무원國務院은 대통령과 국무총리 기타의 국무위원으로 조직되는 합의체合議體로서 대통령의 권한에 속한 중요국책重要國策을 의결議決한다.

제69조

① 국무총리는 대통령이 임명하고 국회의 승인을 얻어야 한다.

② 국회의원 총선거 후 신국회新國會가 개회되었을 때는 국무총리 임명에 대한 승인을 다시 얻어야 한다.

③ 국무위원國務委員은 대통령이 임명한다.

④ 국무위원의 총수는 국무총리를 합하여 8인 이상 15인 이내로 한다.

⑤ 군인軍人은 현역現役을 면免한 후가 아니면 국무총리 또는 국무위원에 임명될 수 없다.

제70조

① 대통령은 국무회의의 의장이 된다.

② 국무총리는 대통령을 보좌하며 국무회의의 부의장이 된다.

제71조

① 국무회의의 의결은 과반수過半數로써 행한다.

제73조

① 행정 각부 장관行政各部長官은 국무위원 중에서 대통령이 임명한다.

② 국무총리는 대통령의 명命을 승承하여 행정 각부 장관을 통일감독統理監督하며 행정 각부에 분담되지 아니한 행정사무를 담임擔任한다.

■ 제1차 개정헌법(1952. 7. 7)

제69조

① 국무총리는 대통령이 임명하고 국회의 승인을 얻어야 한다.

② 민의원의원民議院議員 총선거 후 신국회新國會가 개회되었을 때에는 국무총리 임명에 대한 승인을 다시 얻어야 한다.

③ 국무총리가 궐위闕位된 때에는 10일 이내에 전항의 승인을 요구하여야 한다.

④ 국무위원은 국무총리의 제청提請에 의하여 대통령이 임명한다.

⑤ 국무위원 총수는 8인 이상 15인 이내로 한다.

⑥ 군인은 현역을 면免한 후가 아니면 국무총리 또는 국무위원에 임명될 수 없다.

제70조 제3항을 다음과 같이 신설新設한다.

③ 국무총리와 국무위원은 국회에 대하여 국무원國務院의 권한에 속하는 일반국무一般國務에 관하여는 연대책임連帶責任을 지고 각자의 행위에 관하여는 개별책임個別責任을 진다.

제70조의 2를 다음과 같이 신설新設한다.

① 민의원民議院에서 국무원불신임결의國務院不信任決議를 하였거나 민의원의원民議院議員 총선거 후 최초에 집회集會된 민의원民議院에서 신임결의를 얻지 못한 때에는 국무원國務院은 총사직總辭職을 하여야 한다.

② 국무원의 신임 또는 불신임결의는 그 발의로부터 24시간 이상 경과된 후에 재적 의원 과반수의 찬성으로 행한다.

③ 민의원民議院은 국무원國務院 조직 완료 또는 총선거 즉후의 신임결의信任決議로부터 1년 이내에는 국무원國務院 불신임결의不信任決議를 할 수 없다. 단 재적 의원 3분지 2 이상의 찬성에 의한 국무원불신임결의國務院不信任決議는 언제든지 할 수 있다.

④ 총사직한 국무원國務院은 신국무원新國務院의 조직이 완료될 때까지 그 직무를 행한다.

제73조

① 행정 각부行政各部의 장長은 국무위원國務委員이어야 하며 국무총리의 제청提請에 의하여 대통령이 임면任免한다.

② 국무총리는 대통령의 명命을 승承하여 행정 각부 장관을 통리감독統理監督하며 행정 각부에 분담되지 아니한 행정사무를 담임한다.

■ 제2차 개정헌법(1954. 11. 29)

제44조 중 '국무총리國務總理'를 삭제한다.

제46조 제1항 중 '국무총리國務總理'를 삭제削除하고 동조同條 제2항

을 다음과 같이 한다.

② '국회의 탄핵소추彈劾訴追는 민의원의원民議院議員 30인 이상의 발의發議가 있어야 하며 그 결의決議는 양원兩院에서 각각 그 재적의원 과반수의 찬성이 있어야 한다.'

第52조 중 '국무총리國務總理가'를 '법률이 정하는 순위에 따라 국무위원國務委員이'로 한다.

第66조 중 '국무총리國務總理와'를 삭제한다.

第68조 중 '국무총리國務總理 기타의'를 삭제한다.

第69조

① 국무위원은 대통령이 임명한다.

② 국무위원 총수는 8인 이상 15인 이내로 한다.

③ 군인은 현역을 면免한 후가 아니면 국무위원에 임명될 수 없다.

第70조

① 대통령은 국무회의를 소집하고 그 의장이 된다.

② 대통령은 필요하다고 인정할 때에는 第52조에 의한 법률이 규정한 순위에 따라 국무위원으로 하여금 국무회의의 의장의 직무를 대행하게 할 수 있다.

第70조의 2

① 민의원民議院에서 국무위원에 대하여 불신임결의不信任決議를 하였을 때에는 당해 국무위원當該國務委員은 즉시 사직하여야 한다.

② 전항의 불신임결의는 그 발의로부터 24시간 이상이 경과된 후

에 재적 의원 과반수의 찬성으로써 한다.

■ 제2공화국 헌법(제3차 개정헌법, 1960. 6. 15)

제51조를 다음과 같이 개정改正한다.

대통령이 궐위闕位되거나 사고로 인하여 직무를 수행할 수 없을 때에는 참의원의장參議院議長, 국무총리國務總理의 순위로 그 권한을 대행한다.

제68조를 다음과 같이 개정改正한다.

① 행정권行政權은 국무원國務院에 속한다.

② 국무원國務院은 국무총리國務總理와 국무위원國務委員으로 조직한다.

③ 국무원國務院은 민의원民議院에 대하여 연대책임을 진다.

제69조를 다음과 같이 개정改正한다.

① 국무총리는 대통령이 지명하여 민의원民議院의 동의를 얻어야 한다. 단 대통령이 민의원에서 동의를 얻지 못한 날로부터 5일 이내에 다시 지명하지 아니하거나 2차에 걸쳐 민의원이 대통령의 지명에 동의를 하지 아니한 때에는 국무총리는 민의원에서 이를 선거한다.

② 전항의 동의나 선거에는 민의원의원民議院議員 과반수의 투표를 얻어야 한다.

③ 대통령이 국무총리를 지명한 때에는 민의원民議院은 그 지명을 받은 때로부터 24시간 이후 48시간 이내에 동의에 대한 표결을

하여야 하며 제1항 단서에 의하여 국무총리를 선거할 때에는 그 사유가 발생한 날로부터 5일 이내에 선거하여야 한다.

④ 대통령은 민의원民議院 의총선거議總選擧 후 처음으로 민의원民議院이 집회한 날로부터 5일 이내에 국무총리를 지명하여야 한다.

⑤ 국무위원은 국무총리가 임면任免하여 대통령이 이를 확인한다.

⑥ 국무총리와 국무위원의 과반수는 국회의원國會議員이여야 한다. 단 민의원民議院이 해산된 때에는 예외로 한다.

⑦ 국무위원의 수數는 8인 이상 15인 이내로 한다.

⑧ 군인은 현역을 면免한 후後가 아니면 국무위원에 임명될 수 없다.

제70조를 다음과 같이 개정改正한다.

① 국무총리는 국무회의를 소집하고 의장이 된다.

② 국무총리는 법률에서 일정한 범위를 정하여 위임을 받은 사항과 법률을 실시하기 위하여 필요한 사항에 관하여 국무회의의 의결을 거쳐 국무원령國務院令을 발發할 수 있다.

③ 국무총리는 국무원國務院을 대표하여 의안議案을 국회에 제출하고 행정 각부를 지휘 감독한다.

④ 국무총리가 사고로 인하여 직무를 수행할 수 없을 때에는 법률의 정하는 순위에 따라 국무위원이 그 권한을 대행한다.

■ 제3공화국 헌법(제5차 개정헌법, 1962. 12. 26)

제83조

① 국무회의는 정부의 권한에 속하는 중요한 정책을 심의審議한다.

② 국무회의는 대통령·국무총리와 10인 이상 20인 이하의 국무위원으로 구성한다.

제84조

① 국무총리는 대통령이 임명하고 국무위원은 국무총리의 제청으로 대통령이 임명한다.

② 군인은 현역을 면免한 후後가 아니면 국무총리 또는 국무위원에 임명될 수 없다.

③ 국무총리는 국무위원의 해임解任을 대통령에게 건의할 수 있다.

제85조

① 대통령은 국무회의의 의장이 된다.

② 국무총리는 대통령을 보좌하고 국무회의의 부의장이 된다.

제88조 행정 각부의 장長은 국무위원 중에서 국무총리의 제청으로 대통령이 임명한다.

제89조 국무총리는 행정에 관하여 대통령의 명命을 받아 행정 각부를 통할統轄한다.

■ 제4공화국 헌법(제7차 개정헌법, 1972. 12. 27)

제63조

① 국무총리는 국회의 동의를 얻어 대통령이 임명한다.

② 국무총리는 대통령을 보좌하고 행정에 관하여 대통령의 명命을 받아 행정 각부를 통할統轄한다.

③ 군인은 현역을 면免한 후가 아니면 국무총리로 임명될 수 없다.

제64조

① 국무위원은 국무총리의 제청으로 대통령이 임명한다.

② 국무위원은 국정國政에 관하여 대통령을 보좌하며 국무회의의 구성원으로서 국정을 심의審議한다.

③ 국무총리는 국무위원의 해임을 대통령에게 건의할 수 있다.

④ 군인은 현역을 면免한 후가 아니면 국무위원으로 임명될 수 없다.

제68조 행정 각부의 장長은 국무위원 중에서 국무총리의 제청提請으로 대통령이 임명한다.

■ 제5 공화국 헌법(제8차 개정헌법, 1980. 10. 27)

제62조

① 국무총리는 국회의 동의를 얻어 대통령이 임명한다.

② 국무총리는 대통령을 보좌하고, 행정에 관하여 대통령의 명命을 받아 행정 각부를 통할統轄한다.

③ 군인은 현역을 면免한 후가 아니면 국무총리로 임명될 수 없다.

제63조

① 국무위원은 국무총리의 제청으로 대통령이 임명한다.

② 국무위원은 국정에 관하여 대통령을 보좌하며, 국무회의의 구성원으로서 국정을 심의한다.

③ 국무총리는 국무위원의 해임을 대통령에게 건의할 수 있다.

④ 군인은 현역을 면한 후가 아니면 국무위원으로 임명될 수 없다.

제69조 행정 각부의 장長은 국무위원 중에서 국무총리의 제청으로 대통령이 임명한다.

■ 현행 헌법(제9차 개정헌법, 1987. 10. 29)

제86조

① 국무총리는 국회의 동의를 얻어 대통령이 임명한다.

② 국무총리는 대통령을 보좌하며, 행정에 관하여 대통령의 명命을 받아 행정 각부를 통할統轄한다.

③ 군인은 현역을 면한 후가 아니면 국무총리로 임명될 수 없다.

제87조

① 국무위원은 국무총리의 제청으로 대통령이 임명한다.

② 국무위원은 국정에 관하여 대통령을 보좌하며, 국무회의의 구성원으로서 국정을 심의한다.

③ 국무총리는 국무위원의 해임을 대통령에게 건의할 수 있다.

제94조 행정 각부의 장長은 국무위원 중에서 국무총리의 제청提請으로 대통령이 임명한다.

제95조 국무총리 또는 행정 각부의 장長은 소관사무所管事務에 관하여 법률이나 대통령령大統領令의 위임 또는 직권으로 총리령總理令 또는 부령部令을 발할 수 있다.

부록 2 역대 국무총리 일람표

구분	성 명	출생지	재임기간	국회 동의	주요 경력
1대	李範奭 (1900~1972)	충남 천안	48.7.31 50.4.20		■ 중국 운남 육군강무학교 ■ 만주 청산리전투 사령관 ■ 국방·내무부장관
서리	申性模 (1891~1960)	경남 의령	50.4.21 50.11.22		■ 중국 상해 오송상선학교 ■ 초대 대한청년단장 ■ 내무·국방부장관
2대	張 勉 (1899~1966)	인천	50.11.23 52.4.23		■ 미국 맨해튼대 ■ 제헌국회의원 ■ 초대 주미대사, 부통령
서리	許 政 (1896~1988)	부산	51.11.6 52.4.9		■ 보성전문 법과 ■ 교통·사회부장관 ■ 대통령 직무대행
서리	李允榮 (1890~1975)	평북 영변	52.4.24 52.5.5		■ 평양 숭실사범 ■ 제헌국회의원 ■ 사회부장관
3대	張澤相 (1893~1969)	경북 칠곡	52.5.6 52.10.5		■ 영국 에딘버러대 중퇴 ■ 초대 외무부장관 ■ 2~5대 국회의원
4대	白斗鎭 (1908~1993)	황해 신천	52.10.9 54.6.17	53.4.24	■ 일본 동경 고상 ■ 재무부장관 ■ 7~10대 국회의원 ■ 국회의장

구분	성 명	출생지	재임기간	국회 동의	주요 경력
5대	卞榮泰 (1892~1969)	서울	54.6.27 54.11.28		■ 만주 신흥학교 ■ 외무부장관 ■ 서울대 · 고려대교수
국무총리제 폐지(54.11.29, 제2차 개헌)					
6대	許 政 (1896~1988)	부산	60.6.15 60.8.18		■ 국무총리서리
7대	張 勉 (1899~1966)	인천	60.8.19 61.5.17		■ 제2대 국무총리
내각 수반	張都暎 (1923.1.23)	평북 천안	61.5.20 61.7.2		■ 일본 도요대 ■ 육군참모총장 ■ 국가재건최고회의 의장
내각 수반	宋堯讚 (1918~1980)	충남 청양	61.7.3 62.6.15		■ 군사영어학교 ■ 육군참모총장 ■ 외무 · 경제기획원장관
내각 수반	朴正熙 (1917~1979)	경북 선산	62.6.18 62.7.9		■ 대구 사범 ■ 최고회의 의장 ■ 5~9대 대통령
내각 수반	金顯哲 (1901~1989)	서울	62.7.10 63.12.16		■ 경성공고 ■ 재무 · 부흥 · 경제기획원장관 ■ 대통령 고문, 주미대사
8대	崔斗善 (1984~1974)	서울	63.12.17 64.5.9		■ 일본 와세다대 철학과 ■ 동아일보 사장 ■ 대한적십자사 총재
9대	丁一權 (1917~1994)	함북 경원	64.5.10 70.12.20		■ 일본 육군사관학교 ■ 육군참모총장, 외무부장관 ■ 8~10대 국회의원, 국회의장
10대	白斗鎭 (1908~1993)	황해 신천	70.12.21 71.6.3		■ 제4대 국무총리

구분	성 명	출생지	재임기간	국회 동의	주요 경력
11대	金鍾泌 (1926.1.7)	충남 부여	71.6.4 75.12.18		▪ 육군사관학교 ▪ 공화당 총재 ▪ 민자당 대표위원 ▪ 자유민주연합 총재
12대	崔圭夏 (1919~2006)	강원 원주	75.12.19 79.12.5	76.3.13	▪ 일본 동경고등사범 ▪ 서울대 사대 교수 ▪ 10대 대통령 ▪ 국정자문회의 의장
13대	申鉉碻 (1920~2007)	경북 칠곡	79.12.13 80.5.21		▪ 경성대 ▪ 9·10대 국회의원 ▪ 보사·경제기획원장관
서리	朴忠勳 (1919~2001)	제주	80.5.22 80.9.1		▪ 일본 경도동지사고상 ▪ 상공·경제기획원장관 ▪ 한국산업개발연구원 회장
14대	南悳祐 (1924.10.10)	경기 광주	80.9.2 82.1.3	80.9.22	▪ 국민대 정치학과 ▪ 재무·경제기획원장관 ▪ 대한무역협회회장
15대	劉彰順 (1918.8.6)	평남 안주	82.1.4 82.6.24	82.1.23	▪ 미국 헤이스팅대 ▪ 상공·경제기획원장관 ▪ 대한적십자사 총재
16대	金相浹 (1920~1995)	전북 부안	82.6.25 83.10.14	82.9.21	▪ 일본 동경대 ▪ 문교부장관, 고려대 총장 ▪ 대한적십자사 총재
17대	陳懿鍾 (1921~1995)	전북 고창	83.10.15 85.2.18	83.10.17	▪ 경성대 ▪ 8·9·11·12대 국회의원 ▪ 보사장관, 민정당 대표위원
권한 대행	申秉鉉 (1921.2.7)	황해 장연	84.11.7 85.2.18		▪ 일본 후쿠시마경제전문학교 ▪ 경제기획원장관 ▪ 정신문화연구원 이사장

구분	성 명	출생지	재임기간	국회 동의	주요 경력
18대	盧信永 (1930.2.28)	평남 강서	85.2.19 87.5.25	85.5.16	■ 서울대 법대 ■ 외무부장관·안기부장 ■ 롯데복지재단 이사장
서리	李漢基 (1917~1995)	전남 담양	87.5.26 87.7.13		■ 일본 동경대 ■ 서울대 사법대학원장 ■ 감사원장
19대	金貞烈 (1917~1992)	서울	87.7.14 88.2.24	87.8.7	■ 일본 육군사관학교 ■ 공군참모총장, 국방장관 ■ 초대 공화당 의장 ■ 7대 국회의원
20대	李賢宰 (1929.12.20)	충남 홍성	88.2.25 88.12.4	88.3.2	■ 서울대 경제학과 ■ 서울대 총장 ■ 정신문화연구원 원장
21대	姜英勳 (1922.5.30)	평북 창성	88.12.5 90.12.26	88.12.16	■ 만주 건국대 경제과 수료 ■ 13대 국회의원 ■ 대한적십자사 총재
22대	盧在鳳 (1936.2.8)	경남 마산	90.12.27 91.5.23	91.1.21	■ 서울대 정치학과 ■ 대통령 비서실장 ■ 14대 국회의원
23대	鄭元植 (1929.8.5)	황해 재령	91.5.24 92.10.7	91.7.8	■ 서울대 사대 교육학과 ■ 문교부장관 ■ 세종문화연구소 이사장
24대	玄勝鍾 (1919.1.26)	평남 개천	92.10.8 93.2.24		■ 경성대 법학과 ■ 성대·한림대 총장 ■ 건국대 이사장
25대	黃寅性 (1926.1.9)	전북 무주	93.2.25 93.12.16		■ 육군사관학교 ■ 교통·농림수산부장관 ■ 11·12·14대 국회의원

구분	성 명	출생지	재임기간	국회 동의	주요 경력
26대	李會昌 (1935.6.2)	황해 서흥	93.12.17 94.4.21		■ 서울대 법대 ■ 대법관, 감사원장 ■ 한나라당 대통령 후보
27대	李榮德 (1926.1.16)	평남 강서	94.4.30 94.12.16		■ 서울대 교육학과 ■ 명지대 총장, 통일원장관 ■ 정신문화연구원 원장
28대	李洪九 (1934.5.9)	서울	94.12.17 95.12.17		■ 미국 에모리대 철학과 ■ 서울대 교수, 통일원장관 ■ 신한국당 대표위원
29대	李壽成 (1939.3.10)	경북 칠곡	95.12.18 97.3.4		■ 서울대 법대 ■ 서울대 총장 ■ 신한국당 고문
30대	高 建 (1938.1.2)	전북 옥구	97.3.5 98.3.3		■ 서울대 정치학과 ■ 교통·농수산부장관 ■ 서울시장 ■ 명지대 총장
31대	金鍾泌 (1926.1.7)	충남 부여	98.3.3 00.1.12	98.8.17	■ 육군사관학교 ■ 공화당 총재 ■ 국무총리 ■ 자민련 총재
32대	朴泰俊 (1927.9.29)	경남 양산	00.1.13 00.5.18	00.1.13	■ 육군사관학교 ■ 포항제철 사장 ■ 13~15대 국회의원 ■ 자민련 총재
33대	李漢東 (1934.12.5)	경기 포천	00.5.23 02.7.10	00.6.29	■ 서울대 법대 ■ 검사 ■ 11~16대 국회의원 ■ 자민련 총재

구분	성 명	출생지	재임기간	국회 동의	주요 경력
서리	張 裳 (1939.10.3)	평북 용천	02.7.11 02.7.31		■ 이화여대 ■ 이화여대 교수·총장
서리	張大煥 (1952.3.21)	서울	02.8.9 02.8.28		■ 미국 뉴욕대 ■ 매일경제신문 사장
34대	金碩洙 (1932.11.20)	경남 하동	02.10.5 03.2.26	02.10.5	■ 연세대 법대 ■ 판사 ■ 대법관 ■ 중앙선관위장
35대	高 建 (1938.1.2)	전북 옥구	03.2.27 04.5.24	03.2.26	■ 서울대 정치학과 ■ 내무 · 교통부장관 ■ 서울시장 ■ 국무총리
36대	李海瓚 (1952.7.10)	충남 청양	04.6.30 06.3.15	04.6.29	■ 서울대 사회학과 ■ 13~17대 국회의원 ■ 교육부장관
37대	韓明淑 (1944.3.24)	평남 평양	06.4.20 07.3.6	06.4.19	■ 이화여대 불문과 ■ 16 · 17대 국회의원
38대	韓悳洙 (1949.6.18)	전북 전주	07.4.3 08.2.29	07.4.2	■ 서울대 경제학과 ■ 상공부 기획실장 ■ 대통령 경제수석 ■ 재경부 장관
39대	韓昇洙 (1936.12.28)	강원 춘천	08.2.29 09.9.28	08.2.29	■ 연세대 정외과 ■ 서울대 교수 ■ 3선 의원 ■ 외교부 장관, 주미대사
40대	鄭雲燦 (1947.3.21)	충남 공주	09.9.29 10.8.11	09.9.28	■ 서울대 상대 ■ 서울대 교수 ■ 서울대 총장

구분	성 명	출생지	재임기간	국회 동의	주요 경력
41대	金滉植 (1948.8.9)	전남 장성	10.10.1 13.2.26	10.10.1	■ 서울대 법대 ■ 사법시험 합격, 법원장 ■ 감사원장
42대	鄭烘原 (1944.10.9)	경남 하동	13.2.26	13.2.26	■ 성균관대 법정대 ■ 법무연수원장 ■ 중앙선관위원